D0888799

Google
et le nouveau monde

Du même auteur

Le Côté d'Odessa, Grasset, 2007.

Le Tombeau de la chrétienne, Grasset, 2002, LGF, 2004.

L'Art de vivre en Toscane, Flammarion, 2000, en collaboration avec Alain Fleischer.

L'Art de vivre à Rome, Flammarion, 1999, en collaboration avec Alain Fleischer.

La Séparation des biens, Grasset, 1999.

Au péril de la mer, Grasset, 1991.

Terre de promission, Grasset, 1986.

Le Gouverneur de Morée, Grasset, 1982, LGF, 1983.

Bruno Racine

Google
et le nouveau monde

Plon
www.plon.fr

ISB : 978-2-259-21203-8

Introduction

Le livre est-il condamné à disparaître, submergé par le tsunami numérique? L'intelligence va-t-elle devoir s'incliner devant le triomphe du prêt-à-penser, quand ce n'est pas de la bêtise mondialisée? Les bibliothèques, irrémédiablement dépassées par Google, doivent-elles se préparer à reconvertir leurs coûteux bâtiments en sièges sociaux?

Ces interrogations ont commencé à fleurir au tournant du siècle. Signe des temps, elles font aujourd'hui la une des grands quotidiens et remplissent les pages des magazines. «L'Internet est-il la chance ou le tombeau du livre?», «Internet rend-il encore plus bête?», «Google, le grand méchant loup dans la bibliothèque?». Plus qu'un malaise, c'est une réelle angoisse, parfois même une véritable panique, qui se donne libre cours. D'autant plus brutale que, jusqu'à une date récente, tout le monde s'ingéniait à minimiser le danger, voire à le nier.

En 2004, le monde de la photographie a basculé en bloc de l'argentique vers le numérique – mais comme ce fut à l'initiative des géants du secteur, Kodak aussi bien qu'Agfa, l'événement n'a pas été perçu comme un drame par l'opinion, en dépit de plans sociaux massifs. En revanche, le sort de la musique, dont beaucoup pensaient qu'il ne menaçait pas le livre, fait aujourd'hui figure de précédent ou d'épouvantail. Dans le cas de la musique, le basculement a commencé autour du millénaire et a été d'une grande brutalité, poussé par le succès foudroyant de Napster. Accusé de piratage, le site de partage a été fermé au bout d'un an et demi par décision judiciaire. Dans un esprit qui n'avait plus rien à voir avec l'échange «peer to peer», iTunes, lancé par Apple avec une redoutable efficacité monopolistique, prenait le relais en 2001 – légalement cette fois. Nouveauté majeure : ce sont des acteurs sans aucun rapport avec l'industrie musicale qui ont provoqué l'explosion de la demande et se sont taillé une part substantielle du marché. Plus progressif mais non moins inexorable, le basculement touche également la vidéo et l'audiovisuel.

Le paradoxe n'en reste pas moins flagrant : pourquoi donc faudrait-il s'interroger sur l'avenir du livre au moment précis où cet objet mythique atteint un stade de perfection ? D'un point de vue économique, un ouvrage ordinaire ne coûte plus que deux ou trois euros à fabriquer, moins qu'un café-croissant dans un bar! Avec plus de vingt mille points de vente en France, on peut le trouver à peu près partout et avec le développement du commerce en ligne le commander de chez soi. Si l'on hésite à dépenser de l'argent, les bibliothèques publiques permettent de le lire ou de l'emprunter gratuitement. Et, grâce à la loi sur le prix unique du livre, tout un écosystème s'est mis en place dans notre pays, envié ou imité par un nombre croissant d'autres États, dans lequel auteurs, éditeurs, libraires et bibliothèques, au-delà de quelques bisbilles anecdotiques, ont cru pouvoir vivre tranquilles et heureux. Même la crise qui s'est abattue sur la planète à la suite de la folie financière paraît avoir été clémente envers le livre. En 2009, le chiffre d'affaires de l'édition s'élève à 2,5 milliards d'euros, sans conteste la première «industrie culturelle» nationale, à peu près entièrement privée même si certains secteurs – l'édition scolaire en particulier – sont étroitement dépendants de la politique publique. Du reste, on n'a jamais autant publié de titres: curseur infaillible, le nombre d'ouvrages versés à la Bibliothèque nationale de France ne cesse d'augmenter et avoisine désormais les soixante-dix mille chaque année, deux fois plus qu'il y a trente ans, douze fois plus que sous Napoléon.

Le numérique a depuis longtemps contribué à cet extraordinaire succès en révolutionnant tou-

tes les étapes qui conduisent à la naissance de
« l'objet livre ». Cela fait plus de deux décennies
que l'auteur travaille sur traitement de texte – ce
qui, soit dit en passant, est une catastrophe pour
les institutions qui ont la passion de conserver
religieusement les manuscrits d'écrivains. Souvent
difficiles à déchiffrer, surchargés de ratures et de
variantes, ils incarnaient la pensée ou la création
en devenir – tandis que les versions successives
sont désormais expédiées à la corbeille des ordinateurs et aussitôt éliminées. La British Library,
l'University College de Londres et l'université de
Bristol sont d'ailleurs en train de mettre au point
un logiciel qui sera mis à la disposition des
auteurs afin de sauvegarder les principales étapes
de leur travail et d'en permettre la conservation...
L'auteur, l'éditeur et l'imprimeur se transmettent des fichiers en deux ou trois clics. Un livre
écrit à la va-vite pour coller à un événement qui
marque l'actualité peut être publié en quelques
jours, presque en temps réel... L'époque des
pelures au papier carbone, des laborieuses mises
en page chez l'imprimeur, des épreuves qu'il fal-
lait corriger le moins possible, tout ce travail de
fabrication minutieux et contraignant nous
paraît appartenir déjà à la nuit des temps.

Mais voilà qu'au lieu de se cantonner à n'être
que le serviteur fidèle dont le rôle prend fin
lorsque apparaît le papier, le numérique, telle la
belette de la fable, prétend devenir maître du

logis. Le « e-book », le « livrel » comme le dénomment les Québécois, n'était pourtant que l'objet d'appréciations négatives ou condescendantes il n'y a pas si longtemps. Les premiers appareils de lecture – les liseuses – étaient lourds, onéreux, incommodes, disait-on. Quant à l'offre de contenus, elle était bien trop maigre pour effrayer les puissances établies. À l'exception des éditeurs scientifiques qui, les premiers, ont compris le parti qu'ils pouvaient tirer de la diffusion sous forme numérique, le mot d'ordre était au scepticisme. Les déboires commerciaux des différentes liseuses signaient, pensait-on, une impossibilité définitive et non un échec temporaire. Comment imaginer que l'on renoncerait un jour au plaisir sensuel du papier, de son toucher, de son parfum ? Aujourd'hui encore, il est de bon ton de rappeler que le marché du livre numérique ne concerne en France que 1 % du chiffre d'affaires de la filière.

Il est vrai que le bon vieux livre est pour la plupart d'entre nous un objet si familier depuis l'enfance – avant même l'apprentissage de la lecture – que l'on en vient trop facilement à le croire éternel, comme s'il avait toujours existé sous la forme que nous lui connaissons et qui a commencé de se fixer à partir des dernières décennies du XVe siècle.

Pourtant, la pénétration du numérique dans tous les aspects de notre vie, les usages nouveaux qu'il permet et encourage, l'explosion de l'Internet, *mutatis mutandis*, représentent un choc comparable à l'invention par Gutenberg des caractères d'imprimerie. Ils entraînent la même remise en cause des modèles préexistants d'autorité et d'accès aux savoirs. Le projet de Google – numériser et rendre accessibles des dizaines de millions de livres en quelques années – a provoqué un électrochoc : il suscite l'enthousiasme des uns et une levée de boucliers chez les autres, effrayés à l'idée d'un monopole anglo-saxon ou d'un nivellement des contenus. Au XXIᵉ siècle comme au XVᵉ, la maîtrise des textes est un enjeu de pouvoir capital. Il n'y a pas à s'étonner qu'elle suscite des conflits acharnés. Nous avons le tournis parce qu'une telle révolution affecte les pratiques de lecture, la manière dont les auteurs écrivent leurs ouvrages, mais aussi parce qu'elle ébranle les soubassements économiques et juridiques de la « chaîne du livre »... Le différend entre Google et les éditeurs, la révélation de discussions avec la BnF ont mis au premier plan les enjeux de la numérisation du patrimoine aussi bien que des œuvres protégées par le droit d'auteur. Ce débat autour de Google se développe partout dans le monde, y compris aux États-Unis, mais avec une intensité particulière en France. Le débat est légitime. Encore faut-il le situer au bon niveau et ne pas le réduire à ces oppositions faciles – antiaméricanisme contre atlantisme, secteur public contre entreprise privée, anciens et modernes... – qui n'expliquent rien même s'ils sont l'occasion de grands élans oratoires. Le numérique se présente comme un nouveau monde que Google explore à grands pas, plein d'inconnues et de dangers mais aussi de perspectives impensables il y a peu de temps encore. Dans un contexte aussi mouvant, il importe de bien voir où sont nos intérêts et nos atouts, afin de ne pas nous tromper de combat. Pour cela, il est nécessaire aussi de comprendre la véritable originalité du projet de Google, avec ses ombres et ses lumières. C'est à cette condition que nous pourrons apporter les meilleures réponses aux questions qui dominent le débat: Google et l'édition sont-ils condamnés à s'entendre ou au contraire à se livrer un combat sans merci? Quel est le rôle de l'État et, plus largement, de l'Europe, à l'heure où le président de la République et le ministre de la Culture font de la numérisation du patrimoine culturel une priorité nationale? La firme californienne peut-elle nous aider à numériser et à diffuser notre patrimoine, et, si oui, quelles sont les conditions que nous sommes en droit d'exiger? Le but de ce livre est d'éclairer un débat dont l'issue conditionnera pour une bonne part la place de notre culture dans ce nouveau monde.

1

Petit retour en arrière
sur la révolution Gutenberg

La portée de la « révolution de l'imprimerie »
est loin d'avoir été perçue dans toute son
ampleur par les contemporains[1]. En 1452, trois
ans avant l'impression par Gutenberg de sa première bible, un prince italien épris de savoir,
Malatesta Novello, décide d'ouvrir dans sa ville
de Césène une bibliothèque idéale. Pour constituer un ensemble de manuscrits d'une exceptionnelle beauté, il fait appel aux meilleurs
copistes de son temps – son favori est un Français
natif d'Épinal. Par miracle, la Malatestiana,
comme on l'appelle, a traversé les siècles intacte :
on peut encore l'admirer dans l'état où l'a voulue son créateur. L'architecture, d'inspiration

---

1. Longtemps délaissée, l'histoire du livre moderne est
explorée depuis quelques décennies. Le mouvement est
né dans les pays anglo-saxons, où l'on s'est beaucoup attaché à la matérialité de l'objet, puis en France, où sous l'impulsion de Henri-Jean Martin et de Roger Chartier, l'on
s'est beaucoup intéressé aux aspects économiques et à la
lecture.

toute florentine, est bien celle d'un sanctuaire de l'esprit ; les livres enfermés dans une épaisse reliure de cuir sont toujours attachés à leur pupitre d'origine par une lourde chaîne de fer. On ne compte toutefois que 343 manuscrits, là où Malatesta en avait prévu 345. Les emplacements vides correspondent aux deux seuls livres imprimés que la bibliothèque ait comptés. Le rêve du grand seigneur humaniste n'avait pu résister jusqu'au bout à l'invention de Gutenberg. Ironie de l'histoire, Césène, ville natale des deux papes qui ont eu maille à partir avec la Révolution et l'Empire, a dû offrir en 1797 les deux intrus à la République française, sur la réquisition du futur maréchal Berthier dont les soldats étaient censés apporter les Lumières au pays de la superstition. Ils sont aujourd'hui conservés dans les murs de la nouvelle Bibliothèque nationale de France voulue par le président François Mitterrand. Jacques Attali regrette-t-il que ce dernier ait été le Malatesta Novello du XXe siècle, décidant en fin de compte d'ignorer la révolution qui se préparait sous ses yeux et de construire à grands frais une bibliothèque « en dur » ? La relative lenteur avec laquelle la société a assimilé les conséquences de l'imprimerie peut nous éclairer sur la nature des bouleversements en cours – mais ceux-ci ont toutes chances d'être infiniment plus rapides et brutaux.

De nombreux facteurs s'enchevêtrent sans

qu'une volonté unique soit le moteur du changement. Ce n'est pas diminuer l'importance capitale de Gutenberg que de rappeler que la gravure sur bois lui préexistait et rendait possible l'«invention» de l'imprimerie. Celle-ci est d'abord matérielle : tout en conservant l'apparence générale du manuscrit relié, le processus de fabrication entraîne des changements dont la portée n'est pas perçue au départ. Ainsi la pagination des ouvrages s'est-elle imposée d'abord pour éviter au relieur d'intervertir l'ordre des feuillets, mais elle est rapidement devenue l'un des outils indispensables de la lecture elle-même. La page de titre, inconnue des manuscrits médiévaux, a été conçue pour donner d'un seul coup d'œil au lecteur potentiel une idée synthétique de l'ouvrage : c'est la première ouverture faite à la «publicité», entendue aussi bien dans son sens originel que dans son acception commerciale. L'imprimerie a eu un impact puissant sur la langue elle-même en obligeant à fixer la graphie des mots, auparavant anarchique, ouvrant ainsi l'âge des Académies : celles qui se créent en Italie puis en France se donnent comme objectif d'imposer le beau langage. Alors que le texte des manuscrits se présente comme un flux ininterrompu et longtemps peu ponctué, ce qui le rend presque indéchiffrable aux non-initiés, le livre imprimé, destiné à un cercle beaucoup plus vaste, met en ordre la pensée en adoptant des conventions visuelles stables. Le passage à la ligne, les paragraphes, une ponctuation beaucoup plus régulière et précise pour scander le discours, l'utilisation des guillemets pour rapporter les propos d'un tiers: toutes ces conventions sont le fruit de la révolution de Gutenberg et représentent pour le lecteur un progrès considérable, alors que le déchiffrement des manuscrits grecs ou latins bute sur de fréquents obstacles, tels que de nombreuses abréviations. Pendant plusieurs années toutefois, l'incunable[1] reproduit encore le modèle ancien: il doit même en donner l'illusion et, pour les commanditaires les plus prestigieux – monarques et princes du sang, dignitaires de l'Église –, s'orne de vignettes enluminées à la main par de grands artistes. Le texte, magnifiquement imprimé et d'une certaine manière plus «net» que dans le manuscrit médiéval, demeure ce bloc compact qui en rend l'appréhension fastidieuse. Bientôt, cependant, tout se met en place pour que, de par l'évidence de sa disposition matérielle, le nouvel objet manifeste intuitivement l'architecture de la pensée de l'auteur. Ce processus ne va pas sans tâtonnements: ainsi la découpe en paragraphes va-t-elle connaître aussi bien des retours en arrière que des expériences aberrantes où la multiplication des passages à la ligne finit par perdre toute signification.

---

1. Livre imprimé avant 1500.

Face à une production qui se veut de masse selon les critères de l'époque, le droit qui va s'instaurer vise plusieurs objectifs. Le moindre n'est pas de permettre au pouvoir politique de contrôler la production et la diffusion des ouvrages. En 1468, le sénat de Venise accorde à un Allemand, Jean de Spire, l'exclusivité de l'imprimerie pendant cinq ans en échange de l'introduction de cette nouvelle technique dans la cité des Doges, bel exemple de «partenariat public-privé» avant la lettre où l'intérêt de l'État passe par la concession d'un monopole temporaire. Ainsi en va-t-il aussi de l'ancêtre du dépôt légal, avec l'obligation instituée dans notre pays par François Iᵉʳ en 1537 de déposer entre les mains du bibliothécaire royal un exemplaire des nouveaux livres. Curieusement donc, c'est un instrument de police qui deviendra plus tard la condition d'une politique patrimoniale efficace !

Mais le droit a aussi pour objet de préserver de manière équilibrée les intérêts et les prérogatives de chacun sur le plan économique. Certes, la réalisation d'un manuscrit, qui exigeait entre autres l'abattage de quelques dizaines de moutons pour obtenir la quantité de parchemin nécessaire, supposait elle aussi une base économique, à l'époque où les monastères fournissaient de leur côté une main-d'œuvre de copistes à la fois savante et gratuite. Mais tout change d'échelle avec l'imprimerie, qui engendre un vaste réseau d'activités concurrentielles que l'autorité publique s'efforce d'encadrer. Il faut désormais une industrie papetière proche des forêts et des rivières. La fabrication des caractères mobilise la métallurgie. La division du travail entraîne l'éclosion de nouvelles corporations, même si le métier d'éditeur au sens moderne ne s'affirme qu'à l'ère industrielle après être resté longtemps confondu avec celui de libraire. Des conflits d'intérêts éclatent car le nouveau modèle fait rapidement fleurir les éditions-pirates en cas de succès, entraînant le recours à la loi. Le « best-seller » français du XVIIe siècle, on n'en sera qu'à moitié surpris, est un livre de cuisine : *Le Cuisinier françois*, d'un certain La Varenne, premier ouvrage à donner la recette, entre autres, des œufs à la neige. En un demi-siècle, il ne compte pas moins de quarante-six éditions... Mais à peine l'édition autorisée parue, les contrefacteurs s'affairent, notamment à l'étranger. Et l'on constate que les prétendues traductions parues en allemand ou en italien n'ont en réalité qu'un lointain rapport avec le texte original... L'État accorde des privilèges aux libraires-imprimeurs, non pas tant dans un souci de défendre la propriété intellectuelle que pour empêcher une concurrence déloyale et, bien sûr, afin d'exercer un contrôle.

La notion d'auteur acquiert au même moment son statut moderne, auquel s'attachera progressivement un contenu juridique de plus en plus précis : à quelques précurseurs près, tels que Dante ou Pétrarque, l'auteur médiéval n'est pas le garant de son propre texte, que les copistes s'efforcent de recopier avec un minimum d'erreurs, d'omissions ou d'interpolations.

Le concept de droit d'auteur va s'imposer surtout pour la création littéraire la plus récente, car il était dénué de sens pour les écrivains du passé, morts depuis très longtemps lorsqu'ils n'étaient pas anonymes. Il naît à peu près en même temps en Grande-Bretagne et en France au XVIIe siècle : « copyright » d'un côté, « propriété littéraire et artistique » puis droit d'auteur, de l'autre. Mais dès l'institution des premières règles de protection apparaît aussi le conflit entre la nécessité de rémunérer l'œuvre de création et le désir de répandre les œuvres de l'esprit de la manière la plus large possible. Dans la loi anglaise de 1710, dite « Statute of Anne », les auteurs se voyaient reconnaître la pleine propriété de leurs œuvres pour une période de quatorze ans renouvelable une fois. Les éditeurs ne se résignèrent à la perte de leur monopole qu'en 1774, après soixante ans de procès. En France, on sait le rôle joué par Beaumarchais pour faire triompher la revendication des écrivains, mais c'est avec la Révolution, le 13 janvier 1791, que le droit des auteurs acquiert force de loi. La tendance à l'allongement des durées de protection se trouve contrebalancée en partie par la multiplication des «exceptions» – notamment au profit des bibliothèques publiques ou de la «copie privée».

Si le catholique Érasme plaidait pour la traduction de la Bible dans les langues vernaculaires, c'est bien Luther qui, en livrant sa version allemande des Écritures, allait lancer le mouvement qui fit de la Bible le «best-seller» incontesté du premier siècle de l'imprimerie... Car, avec le développement de l'imprimerie, c'est à une nouvelle distribution linguistique que l'on assiste – le latin se trouvant progressivement déclassé au profit des langues «vivantes».

Ce qu'il faut retenir de cette évolution aujourd'hui mieux connue, c'est qu'elle résulte de la conjonction d'une innovation technique d'un côté, de la volonté de s'adresser au plus grand nombre par-dessus une élite restreinte de l'autre. Le lien entre l'imprimerie et la Réforme protestante n'est en effet pas une coïncidence. De même, la plus grande faute de Galilée résidait peut-être moins dans l'hétérodoxie de sa pensée, laquelle avait ses partisans jusque dans les plus hautes sphères de l'Église, que dans sa diffusion auprès du public cultivé de son temps.

Cette poussée en faveur d'un accès toujours plus large au texte allait connaître par la suite au moins deux grandes vagues. Le Siècle des Lumières tout d'abord, avec son idéal de

«République des Lettres», idéal qui, en péné-
trant dans les milieux de la petite et moyenne
bourgeoisie, préparait le terrain à la Révolution.
L'ère industrielle ensuite, qui voit éclore un marché considérablement élargi, structuré autour de
grandes maisons d'édition et désireux de toucher, grâce au livre populaire à bon marché, le
public le plus vaste.

Aujourd'hui comme à chaque innovation
majeure, le développement du livre numérique
et sa diffusion par Internet soulèvent des interrogations de même ordre, où s'entrelacent les
aspects culturels, économiques et juridiques – la
différence essentielle provient de la rapidité sans
précédent du changement.

2

Le livre numérique :
des possibilités nouvelles

Les tout premiers incunables reproduisaient, on l'a vu, l'apparence des manuscrits, surtout les exemplaires de luxe offerts à de grands personnages. De manière similaire, les premiers livres numériques ont été de pures et simples reproductions d'ouvrages anciens dont ils se présentent comme le fac-similé. Les premières numérisations, à la Bibliothèque nationale de France ou ailleurs, ont été d'abord réalisées pour reconstituer sous une autre forme la « bibliothèque idéale » du chercheur, puis également pour des raisons de sauvegarde, en raison de l'extrême fragilité des originaux, délicats à manipuler et difficiles à communiquer : aussi le lecteur devait-il être le moins dépaysé possible. Aujourd'hui encore, de nombreuses revues scientifiques, lorsqu'elles ne sont plus diffusées que sous forme numérique, ressemblent à s'y méprendre aux anciennes versions imprimées.

Les fac-similés numériques d'ouvrages existants sont désormais convertis grâce aux procédés de reconnaissance optique des caractères, afin de permettre aux moteurs de recherche d'en exploiter à plein le contenu et aux internautes d'y effectuer des recherches ciblées. Avec le passage de la numérisation en « mode-image » à la numérisation en « mode-texte », le document qui apparaît à l'écran a déjà perdu une bonne partie de sa ressemblance à l'original et, au minimum, de sa beauté typographique.

Nul doute que cette évolution n'en soit encore qu'à ses débuts, car le numérique offre une gamme considérable de perspectives nouvelles dont l'impact se fera sentir plus ou moins rapidement. Celles qui s'imposeront résulteront de l'interaction entre le potentiel du médium et les demandes des internautes, entre de nouvelles formes de production et d'autres approches de la lecture.

Ainsi en va-t-il des modes d'appropriation du texte qui se développent sous nos yeux. Au départ, il s'agit avant tout de transposer à l'univers numérique un certain nombre de pratiques aussi anciennes que la lecture : l'annotation, la constitution de fiches ou de dossiers notamment. Mais d'autres innovations ont une portée beaucoup plus grande, à commencer par les pratiques qui mobilisent la collaboration d'une communauté et que l'on a baptisées du terme générique de web 2.0. Wikipédia en est un exemple éclatant. Nous allons sans doute assister à l'éclosion de nouvelles formes de production des textes, y compris dans le domaine littéraire – que ce soient des logiciels qui engendrent le texte ou qu'interviennent plusieurs auteurs différents[1].

Prenons l'exemple de la production scientifique. Dans ce domaine, le blog, en instituant un réseau interactif, peut être comparé à un «séminaire permanent», utile aussi bien pour renouveler les rapports entre enseignants et étudiants que pour faire progresser la recherche académique. Le côté informel du blog, la possibilité qu'il offre de livrer de la pensée en devenir, sans dissimuler les hésitations et les questionnements, ainsi que de la corriger en tenant compte des remarques ou des objections d'autrui, sont des avantages certains par rapport à l'article et *a fortiori* de l'ouvrage académique – sans pour autant rendre inutiles ces derniers, car la pensée ne peut se réduire à un flux continuel et a également ment besoin de se fixer.

Non moins riches de potentialités est l'élargissement des contenus grâce à l'inclusion de différents médias – donnant naissance à une production hybride[2], brouillant même la notion de livre, jusqu'ici indissociable de sa forme phy-

_____

1. La première est qualifiée par O. Gainon de littérature générative, la seconde de littérature hypertextuelle.
2. Appelée littérature protéiforme par O. Gainon.

sique. D'où la difficulté, conceptuelle mais aussi juridique, de définir ce qu'est un «livre numérique».

Certes, l'illustration est aussi ancienne que le livre et c'est pour cette raison que l'on a pu qualifier le département des manuscrits de la BnF de plus grand musée de peinture médiévale au monde. La gravure, la photographie en noir et blanc puis en couleurs sont venues élargir le champ des possibles, sans pouvoir toutefois dépasser les limites d'un visuel fixe. L'adjonction de CD a constitué un premier pas vers l'association plus étroite du texte et de l'audiovisuel, mais sous une forme qui demeure rudimentaire et cloisonnée.

Ce sont ces barrières que le numérique fait tomber. Il est facile d'imaginer la richesse de contenus que permettra par exemple une histoire de la musique ou du cinéma ainsi conçue. Des champs nouveaux s'offrent à l'édition si celle-ci sait exploiter ce potentiel. Les encyclopédies qui ont nourri l'enfance de tant d'entre nous, le Larousse en 2 volumes, ou plus tard l'*Encyclopaedia Britannica* ou *Universalis,* et qui étaient des sources de revenus importantes pour leurs éditeurs, ont d'ores et déjà migré dans l'univers numérique. Ce dernier autorise en effet une actualisation en temps réel des contenus, sans passer par les investissements coûteux, et par la force des choses très espacés dans le temps, des rééditions ou des refontes de naguère. Certes, les jurisclasseurs papier s'étaient adaptés à cette exigence et il n'était pas difficile d'intercaler des pages de mise à jour, mais le numérique offre une souplesse de très loin supérieure. Le livre pratique devrait lui aussi connaître largement le même destin.

Un champ considérable s'ouvre également à l'édition scolaire – d'autant plus intéressant que le marché sera soutenu en France par l'État et les collectivités locales. Les controverses sur le poids des sacoches surchargées de trop jeunes épaules ont tout naturellement conduit à l'idée du «cartable électronique» au début du millénaire, puis à des propositions beaucoup plus sophistiquées. L'Éducation nationale affiche en effet l'ambition de généraliser l'usage du numérique dans ses établissements. Un certain nombre de collèges et de lycées pilotes ont été choisis à la rentrée 2009 pour tester de nouveaux outils ainsi que des pédagogies adaptées. Les classes sont dotées d'un ordinateur portable connecté à Internet, d'un vidéoprojecteur et d'un tableau blanc interactif, moderne successeur du tableau noir... L'enseignant dispose d'un manuel numérique dont il peut feuilleter les pages devant les élèves, il peut écrire au tableau à l'aide d'un stylet qu'il passe sur l'écran de l'ordinateur, effectuer une recherche sur Internet... Les expériences de ce type permettent de définir aussi bien le complément de formation dont auraient besoin les professeurs – souvent beaucoup moins agiles dans ce domaine que les jeunes – que de mesurer leur impact sur le comportement ou les acquis des élèves. Les éditeurs français se lanceront d'autant plus volontiers sur cette voie que les pouvoirs publics se déclarent disposés à financer l'acquisition des équipements nécessaires ou des droits relatifs à l'utilisation des manuels électroniques.

Même pour l'édition savante, l'apport du numérique peut se révéler décisif. N'insistons pas sur le poids que les contraintes économiques imposent aux presses universitaires dans tous les pays du monde. Robert Darnton cite un exemple particulièrement frappant. Le premier volume des archives personnelles de Benjamin Franklin, paru en 1959, s'est vendu à plus de 8 000 exemplaires. Moins de quarante ans plus tard, le volume 33 s'est vendu à moins de 800 exemplaires, et pourtant il s'agit d'une des figures majeures de l'histoire des États-Unis. La réduction des budgets d'acquisition a accentué la tendance au malthusianisme inhérente au secteur de l'édition savante – entraînant un cercle vicieux : de moins en moins de publications et, pour les chercheurs, de moins en moins d'espoir de voir, par exemple, leur thèse publiée sous la forme plus élaborée d'une monographie.

L'édition électronique peut-elle apporter une

solution à cette crise? Il ne suffirait pas, dans ce cas, de diffuser une version électronique des textes qui, dans l'univers papier, n'ont pu franchir le cap de la publication – même s'il n'y a rien à objecter à la diffusion sous cette forme nouvelle de la multitude de thèses ou de mémoires qui s'entassent dans les universités. Des sites s'y consacrent[1] et il faut s'en féliciter. Mais cela ne suffit pas: il faut également réfléchir à ce qui, dans l'univers dit virtuel, correspondrait à la «valeur ajoutée» que l'éditeur traditionnel apporte à un texte lorsqu'il décide de le faire imprimer. Robert Darnton, de ce point de vue, imagine ce à quoi pourrait ressembler le livre savant du futur. Il conçoit l'ouvrage électronique comme une pyramide de six étages. Au sommet, une brève synthèse du sujet, qui pourrait exister également en version papier. Juste en dessous, les développements correspondent aux différents aspects du sujet, conçus davantage comme des unités en soi que comme les éléments d'une séquence. Le troisième niveau serait consacré à la documentation utilisée. Le quatrième, plus théorique ou bibliographique, donnerait un aperçu critique des thèses déjà développées sur le même sujet. Le cinquième étage aurait une visée pédagogique, fournissant aux enseignants

---

1. Par exemple, STAR (Système des thèses électroniques, archivage et recherche) de l'ABES (Agence bibliographique de l'enseignement supérieur).

de différents niveaux des «kits» utilisables aussi bien pour une discussion avec la classe que pour bâtir des cours magistraux. Enfin, le sixième et dernier étage pourrait contenir des comptes rendus de lecture, des échanges entre l'auteur, l'éditeur et les lecteurs, étage appelé à s'enrichir au fur et à mesure de commentaires neufs.

L'important n'est pas de savoir si le livre savant électronique de demain ressemblera en tous points à la vision qu'en donne Robert Darnton et à laquelle, au demeurant, il ne prétend pas donner valeur de prédiction. Il importe en revanche de souligner que l'univers électronique ouvre de nouveaux territoires à l'expansion de la connaissance dès lors que ses productions ne sont pas la pure et simple transposition de documents traditionnels mais qu'elles sont conçues selon une architecture nouvelle. Le livre électronique à six couches de Robert Darnton ouvre une gamme élargie de modes de lecture – de la plus succincte à la plus approfondie, tout en instaurant une interaction virtuellement sans limites au sein de la communauté des lecteurs, qui, dans le cas de l'édition savante, sont également des pairs. Ce modèle pourrait d'ailleurs se transposer à la littérature générale.

Au total, la tendance est dans tous les domaines au développement du numérique, et les États-Unis font figure de pionniers: le chiffre d'affaires du livre numérique représenterait en

2009 plus de 3 % du total de l'édition, contre 1 % l'année précédente. Le nombre d'appareils de lecture ou liseuses pourrait passer de moins de un million en 2008 à près de trente millions en 2013. Le lancement par Apple de sa tablette iPad en janvier 2010 est un événement mondial. Les catalogues d'ouvrages disponibles sous forme numérique croissent au même rythme. Au sein du premier groupe éditorial au monde, Elsevier pourrait bientôt réaliser la moitié de son chiffre d'affaires sous forme numérique, grâce en particulier à sa position de premier plan dans le domaine scientifique. Amazon a même pu se vanter d'avoir vendu pour la première fois davantage de livres électroniques que de livres papier lors des fêtes de Noël 2009.

Parallèlement, l'offre gratuite explose. Dès les années 70, Michaël Hart conçoit à l'université de l'Illinois ce qui deviendra en 2000 le projet Gutenberg, entité sans but lucratif qui propose un catalogue de quelque 20 000 ouvrages de référence, surtout en anglais. Dès 1997, la BnF ouvre sa bibliothèque en ligne, Gallica. Elle compte désormais près d'un million de documents imprimés du domaine public – livres, revues ou journaux. L'enseignement supérieur met en ligne les revues académiques à travers le portail *Persée*. Mais c'est le projet Google qui, en se fixant un objectif de plusieurs dizaines de millions d'ouvrages, provoque un changement d'échelle sans précédent et oblige les autres acteurs à répondre au défi de la quantité.

Qu'on le veuille ou non, tout se met en place pour un basculement des usages vers le numérique à terme désormais rapproché et déjà il n'est pas rare d'apercevoir des iPhone utilisés comme liseuses. La nouvelle religion écologique elle-même ne sera pas la dernière à l'encourager, au nom de la préservation des forêts et du gaspillage de papier qu'entraîne chaque année l'envoi au pilon de millions d'invendus[1]. Aussi bien peut-on envisager comme une hypothèse plausible à vue humaine que la version électronique sera demain considérée comme la norme – à l'instar de la production scientifique – et que la forme papier ne sera plus fournie qu'à la demande...

---

1. Même si l'on doit tenir compte du bilan carbone non négligeable des systèmes de stockage des données électroniques...

3

La conservation des données numériques :
la hantise de la perte

Chacun a expérimenté un jour ou l'autre la fragilité et la précarité des données numériques. Alors qu'un brouillon roulé en boule peut être facilement récupéré, il n'en va pas de même d'un document supprimé par erreur de la corbeille de l'ordinateur, d'un CD devenu illisible au bout de dix ans si ce n'est moins, des données d'un ordinateur ou d'un téléphone portable qui risquent d'être irrémédiablement perdues à la suite de quelque accident ou d'un vol[1]... Ces contrariétés nous exaspèrent lorsque, par exemple, nous perdons le répertoire de toutes nos connaissances ; elles nous attristent quand ce sont de précieux souvenirs qui s'évanouissent. Mais ces petits drames personnels ne sont rien comparés aux risques de pertes massives d'infor-

_____

1. À moins, bien sûr, d'être capable de récupérer les données sur le disque dur de l'ordinateur ou d'avoir accès aux bases de données des opérateurs téléphoniques.

mations capitales. On rappelle souvent le malheur survenu à la NASA qui a perdu les résultats de l'expédition VIKING, l'une des plus importantes pour la connaissance de la planète Mars en 1975! Le secteur aérospatial, en raison des quantités de données qu'il ne cesse d'accumuler, a été le premier à se poser la question de leur préservation. Que ce soit pour la recherche ou pour l'industrie aéronautique qui a besoin de conserver pendant soixante-dix ans les dossiers techniques de ses avions. Cette nécessité est si grande qu'en dépit de la concurrence acharnée que se livrent les grandes compagnies – Boeing et Airbus au premier chef –, les industries américaine et européenne du secteur se sont entendues pour définir des normes communes! Tant il est vrai que ces compétiteurs sont aussi des prédateurs potentiels...

De fait, jusqu'à une date récente, la plupart des grandes institutions publiques, pas plus que les firmes privées, ne semblent s'être préoccupées de la question. C'est que, comparé au mode traditionnel d'archivage, le numérique jouit d'un avantage décisif qui a tendu à occulter le reste : l'économie d'espace sans précédent qu'il permet. Des milliards de données peuvent en effet tenir dans des machines qui n'occupent pas plus d'une centaine de mètres carrés, là où il est nécessaire de compter en kilomètres linéaires de rayonnages pour les supports papier.

La bibliothèque François-Mitterrand conçue pour donner à la BnF une capacité d'accroissement d'au moins vingt-cinq ans se voit en réalité confrontée à un problème de saturation avant la fin de la décennie! Ce qui avait été possible à la fin des années 80 – le don fait à l'État par Jacques Chirac, maire de Paris, de plusieurs hectares de terrain restés en friche *intra-muros* – ne se répétera pas. Le coût du mètre carré disponible en centre-ville exclut de nouvelles extensions. Afin de résoudre le problème à long terme, la British Library, pourtant réinstallée dans des bâtiments récents, délocalise une part croissante de ses collections dans d'immenses silos construits très loin de Londres en rase campagne. D'où l'importance d'accroître la part des collections numériques afin de concilier l'exigence de conservation avec la mission de diffusion – la communication aux lecteurs des originaux transférés supposant une logistique lourde lorsqu'elle demeure possible. Le cauchemar des bibliothécaires et des archivistes, l'angoisse permanente de la saturation vont-ils donc enfin prendre fin et céder la place à une sérénité nouvelle? Il faut hélas déchanter car voilà que surgit un problème redoutable...

Les supports qui contiennent les précieuses informations sont extrêmement fragiles et vulnérables. Il suffit d'un choc ou d'une rayure pour rendre un CD illisible. Même conservé dans des conditions qui le protègent de tels accidents, la durée de vie d'un CD standard n'excède pas quelques années. Et il n'y a pas que la dégradation physique. L'obsolescence des fichiers comme des appareils de lecture est un risque non moins sérieux. Qui ne s'est un jour emporté contre son ordinateur lorsqu'il se révèle incapable d'ouvrir une disquette ancienne? Ce n'est pas un hasard si des services spécialisés se développent au profit des particuliers soucieux de conserver leurs souvenirs ou les innombrables documents – fiches de paie, relevés bancaires ou autres – dont les originaux papier encombrent nos tiroirs. C'est le cas par exemple de Memory Life, créé par Orange – la dénomination anglaise semblant un atout supplémentaire de marketing... Transmises depuis nos ordinateurs ou nos téléphones, les données seront stockées dans des espaces personnels, capables d'accueillir aussi bien des photographies ou des vidéos nées sous forme électronique que des versions numérisées – à un coût raisonnable grâce à un prestataire spécialisé – de supports traditionnels.

La conservation durable des données numériques devient un défi d'autant plus préoccupant que leur masse s'accroît de façon exponentielle. Cette profusion s'observe à tous les niveaux, à commencer par celui de l'individu. La correspondance de Voltaire, l'un des épistoliers les plus prolifiques de tous les temps et d'une longévité exceptionnelle, tient en quelques volumes de la Pléiade. Convertie en fichiers numériques, elle ne doit guère représenter en quantité beaucoup plus que l'équivalent de deux ou trois mois d'emails que je reçois sur ma messagerie. Il y a plus. Chaque jour apporte avec soi une production numérique nouvelle immense. Un nombre incalculable de sites se créent quotidiennement – il y en aurait plus de deux cents millions à l'échelle mondiale, et le nombre de blogs actifs est impossible à mesurer. Ils fournissent pourtant un miroir en temps réel du flux des événements et des réactions qu'ils suscitent. Le développement très rapide de Twitter est un exemple frappant, au point que le site, créé au départ dans un esprit de gratuité et de désintéressement, va bientôt devenir un enjeu économique puisqu'on prête à Google, Facebook et Apple l'intention de l'acquérir.

Peu de gens savent qu'afin de ne pas perdre toute trace de cette production à peu près sans limites, la loi d'août 2006 institue le dépôt légal de l'Internet. La notion de dépôt légal appliquée à l'Internet peut faire sourire. Quoi de commun en effet entre l'éditeur ou l'imprimeur traditionnels, habitués à expédier un ou plusieurs exemplaires de leurs publications à la Bibliothèque nationale depuis des temps immémoriaux, et l'internaute qui met en ligne une recette de gâteau au chocolat tirée du carnet de sa grand-mère ? Mais la différence principale est ailleurs. Il n'est pas irréaliste en effet de vouloir conserver la totalité des livres qui s'impriment dans le monde, à commencer par notre pays, même si, on l'a vu, le chiffre n'a cessé de croître ces dernières années en France comme dans le reste du monde. Les pratiques du dépôt légal sont bien rodées, du moins dans les pays industrialisés, et rares sont les omissions volontaires, qu'au demeurant une relance permet en général de corriger. Rien de comparable avec Internet où, dans la plupart des cas, l'intéressé n'a même pas conscience que le dépôt légal le concerne.

La question de la conservation ne peut ici être dissociée de celle de la sélection à opérer, à moins de devoir emmagasiner des données inexploitables par le seul fait de leur masse. La BnF et l'Institut national de l'audiovisuel, les deux institutions qui en France sont chargées du dépôt légal de l'Internet, doivent donc d'abord se répartir la tâche, ce qui n'est déjà pas si simple dans un monde où la frontière entre médias audiovisuels et le reste tend à se brouiller. Elles doivent ensuite faire un choix et c'est ici que la difficulté commence, pas seulement parce que les scrupules des bibliothécaires les inciteraient à ne rien exclure. De fait, qu'est-ce qui permet de dire à coup sûr en 2009 que tel ou tel blog « n'a aucun intérêt » pour l'avenir ? Un chercheur qui s'intéresserait par exemple à l'évolution de la langue et de l'orthographe pourrait sans aucun doute trouver une matière bien plus riche et pertinente sur des sites qu'un public cultivé serait tenté de juger avec condescendance.

Au départ, la BnF a fait appel à un partenaire américain, Internet Archive, pour l'aider dans cette tâche. Rétrospectivement, sur une décennie, ce sont dix milliards de pages qui ont été moissonnées par robot et archivées. Il s'agissait de collectes larges mais superficielles du domaine .fr : deux « instantanés » annuels qui permettent d'avoir une vue panoramique de ces myriades de sites. La Bibliothèque était cependant consciente des insuffisances de telles collectes, et des programmes thématiques ont été mis en œuvre, notamment lors de la campagne pour l'élection présidentielle de 2007 : ces collectes ciblées permettaient d'aller au-delà de la page d'accueil et de puiser à l'intérieur des sites. L'expérience a du reste donné lieu à une fructueuse collaboration avec des bibliothèques de région. La dichotomie entre collectes larges et collectes ciblées reste toutefois peu satisfaisante : aussi est-elle aujourd'hui en train de s'effacer au profit d'une approche globale mais diversifiée.

Des robots continueront d'effectuer des collectes larges automatiques, mais le processus ne sera plus sous-traité. Même dans ce cas, l'objectif est en effet de mettre en œuvre une approche plus fine qu'à l'origine. À chaque site seront désormais associées, en fonction de sa nature et de son importance, une fréquence et une profondeur données en lieu et place d'une capture superficielle. À ces opérations de masse s'ajouteront des collectes thématiques effectuées elles aussi par robot mais après une sélection par les bibliothécaires. Ainsi, en 2009, la BnF a-t-elle récolté tous les rapports sur la responsabilité sociale des entreprises, obligation légale pour ces dernières et élément essentiel dans le cadre de la politique du développement durable. 650 sites ont été capturés, soit plus de 250 000 fichiers PDF. Alors que l'Institut national de l'audiovisuel se chargera des sites des médias audiovisuels, la BnF sélectionnera une centaine de sites de presse et d'actualité dont elle assurera la collecte quotidienne – afin d'établir la continuité avec les éditions papier. À la fin de 2009, la BnF aura ainsi engrangé au titre du dépôt légal du web pas moins de 13 milliards de fichiers...

Cette évolution montre bien qu'à l'ère numérique, il faut savoir réagir très vite mais aussi accepter une période de tâtonnements avant de figer ses options.

Le constat s'applique évidemment à la conservation des données, d'autant plus cruciale que la part des «objets numériques» sans équivalent papier est d'ores et déjà devenue écrasante. Ici encore, le chemin parcouru en moins de deux décennies est considérable.

C'est au tout début des années 90 que la Bibliothèque nationale de France, ou plutôt l'établissement public chargé de la construction de la nouvelle bibliothèque, s'est posé la question. Même si l'on était loin du rêve de Jacques Attali, les objectifs étaient ambitieux : on parlait d'atteindre un million d'ouvrages à numériser, 10 % du fonds, sans toujours apercevoir le problème posé par le droit d'auteur, mais assez rapidement les chiffres ont été revus à la baisse. Ce sont 86 000 ouvrages qui ont ainsi été numérisés avant l'ouverture, de 1992 à 1996. Or la durée de vie du support retenu à l'époque – des bandes magnétiques – n'excédait pas trois ans : la numérisation aurait ainsi commencé à être perdue avant même l'achèvement du programme !

En vérité, faute de précédent, la solution avait fort peu de chances de surgir du premier coup. Au départ, en raison des contraintes financières, l'objectif assigné se limitait à conserver la capacité de lire les données à un horizon raisonnable, une vingtaine d'années par exemple, en privilégiant le stockage passif de sauvegarde par rapport à la diffusion. Après une période d'hésitation due au coût élevé de la solution envisagée – une forme sophistiquée de CD mise au point par une société française – et en raison de la dégradation rapide des bandes, la migration fut effectuée en 1998 et 1999, moyennant un pourcentage de perte de données relativement faible.

Le problème n'était pas résolu pour longtemps. Le lancement de Gallica, la bibliothèque numérique en ligne de la BnF, le développement de programmes de numérisation de masse, la montée en puissance de l'archivage de l'Internet obligeaient à concevoir un système beaucoup plus ambitieux. C'est ainsi qu'est né en 2007 le projet baptisé SPAR, acronyme de «système de préservation et d'archivage réparti» de la BnF.

Ce système repose sur une lourde infrastructure technique et sur des logiciels de gestion de contenus ou d'accès particulièrement performants, susceptibles de permettre la coopération avec d'autres partenaires afin de ne pas s'enfermer dans une «solution maison». Cette démarche est cohérente avec l'effort de normalisation entrepris sur ce sujet au niveau international. La BnF est reconnue comme un pilote en ce domaine. Au total, SPAR sera beaucoup plus qu'un «garde-meubles» ou un «coffre-fort numérique». Ce sera un système intelligent qui effectuera plusieurs copies des données, surveillera l'état des supports d'enregistrement afin de détecter en temps utile les dégradations éventuelles, engendrera de nouvelles copies avant que le dommage ne soit irréversible. Il garantira la continuité de l'accès en actualisant les formats des données de manière à éviter l'obsolescence – tout en continuant de conserver au minimum le format original. En outre, pour faire face à un

incident grave affectant les machines et susceptible d'entraîner la perte massive des données, le
système est réparti sur deux sites différents.

Il va sans dire que SPAR représente, en termes
de ressources humaines et financières, un investissement très important. De 2005 à 2009, la BnF
aura ainsi dépensé 15 millions d'euros pour
constituer cette infrastructure – autant que les
crédits affectés à la numérisation proprement
dite. Sans doute, le temps passant, l'addition de
capacités de stockage additionnelles sera-t-elle
moins onéreuse, mais elle représentera toujours
une part très significative du coût de la numérisation : une réalité dont les responsables, politiques
ou autres, n'ont pas toujours une claire
conscience...

En vérité, très peu d'institutions publiques ont
la capacité de concevoir et de réaliser une infrastructure comparable : dans le domaine patrimonial et culturel, en plus de la BnF et de l'Institut
national de l'audiovisuel, les Archives de France,
par exemple, qui conduisent ce chantier en
même temps que s'édifie le nouveau centre de
Pierrefitte ; dans le domaine de la recherche
scientifique, le Centre national d'études spatiales
ou le Centre informatique national de l'enseignement supérieur. Aussi la question se pose-
t-elle de la mutualisation de ces capacités, toutes
financées directement ou indirectement par le
contribuable. Dans le cas des bibliothèques, qui

en France dépendent d'autorités très diverses – État, collectivités locales, universités, associations ou fondations privées – et de taille très différente, l'obligation de coopérer s'impose. Le projet SPAR a du reste été conçu pour être en mesure d'offrir aux tiers une option d'archivage sécurisé. Mais il conviendrait d'aller plus loin qu'une démarche limitée au seul domaine des bibliothèques : il faut établir entre les différents systèmes d'origine publique une véritable synergie, en les regroupant, voire en créant une société commune qui pourrait mettre ses capacités au service d'autres institutions. Un tel projet figure dans les priorités assignées au grand emprunt national. Prenant appui sur les investissements déjà réalisés par la BnF, la mise en commun des infrastructures existantes, ou en voie de constitution, permettra de donner naissance à un acteur de poids dans le secteur de la conservation numérique, appelé de toute évidence à connaître une croissance soutenue dans les années à venir.

4

La révolution Google

Peu de sociétés peuvent se prévaloir d'un succès aussi foudroyant que Google. L'histoire de la
firme est un cas d'école qui fait rêver aussi bien
la « vieille Europe » que les dragons asiatiques, de
manière parfois un peu grincheuse dans le cas
de la première.

Tout est né à Stanford, la célèbre université de
la baie de San Francisco, plus récente que ses
prestigieuses homologues de la Nouvelle-Angle-
terre mais qui peut se vanter d'un nombre record
de prix Nobel depuis un demi-siècle. Dans le
vaste domaine de Palo Alto, on croise une foule
d'étudiants de toutes nationalités, pour la moitié
d'entre eux boursiers, déambulant à pied ou à
vélo entre les bâtiments construits dans un vague
style néo-espagnol, massifs et lourds pour survivre
aux fréquents séismes qui ébranlent la côte du
Pacifique. Avec un peu de chance, on apercevra
aussi les silhouettes de René Girard, de Michel
Serres ou d'autres figures de la pensée euro-

péenne qui y enseignent ou y résident. C'est dans ce cadre emblématique d'une certaine image de la Californie, juvénile, décontractée, multiculturelle, où la recherche high-tech fait éclore les entreprises de la Silicon Valley, que se rencontrent en 1996 deux doctorants encore inconnus. Ils ne le resteront pas longtemps. Tous deux sont nés en 1973 et ils ont donc à peine vingt-trois ans : Larry Page, fils d'un pionnier de l'informatique, et Sergeÿ Brin, arrivé aux États-Unis en 1979, né à Moscou dans l'une de ces familles juives que le régime soviétique s'est résolu à laisser émigrer sous la pression américaine. Tous deux travaillent à un projet scientifique de moteur de recherche. De leurs échanges naît l'idée apparemment folle d'«organiser l'information à l'échelle mondiale et de la rendre universellement accessible et utile». C'est ainsi qu'ils mettent au point un logiciel capable d'analyser les relations entre les sites web et de les classer, obtenant ainsi des performances très supérieures du point de vue de l'utilisateur à celles des moteurs existant à l'époque. Un premier brevet (*Method for Node Ranking in a Linked Database*) est déposé dès 1997, année où le nom de «Google» est également trouvé[1]. Le brevet est

---

1. Le nom est une transposition du terme «gogol», proposé en 1938 par le jeune fils du mathématicien Edward Katner pour désigner le nombre 1 suivi de cent zéros.

toujours la propriété de Stanford qui a confié à Google une licence d'utilisation exclusive jusqu'en 2011. Le logiciel a depuis lors connu plusieurs perfectionnements et la firme a développé un nombre croissant de services, qui, de la messagerie Gmail à Google Earth en passant par la téléphonie mobile avec le tout nouveau Nexus One, contribuent à renforcer sa position de leader et ont fait naître la hantise d'une «googlisation du monde» – thème qui donne lieu à une abondante littérature critique, dont l'ouvrage de Barbara Cassin, *Google-moi : la deuxième mission de l'Amérique*, constitue un excellent exemple.

L'ascension de Google est en effet spectaculaire et les chiffres donnent le vertige : plus de mille milliards de pages web indexées, le parc de serveurs le plus vaste au monde – 1,8 million de machines réparties sur 32 sites –, un chiffre d'affaires passé en une décennie de 4 millions à 22 milliards de dollars, des dépenses d'investissement et de développement qui dépasseront 3 milliards de dollars en 2009. *Last but not least* : une valeur boursière de plusieurs centaines de milliards de dollars, comparable ou supérieure à celle des grandes industries, en dépit de l'éclatement de la «bulle» de 2001 et de la crise financière de 2008. Il est certain que la position dominante acquise par la firme conduira les autorités de la concurrence américaines ou européennes à en limiter les éventuels abus.

En 2005, naît une idée apparemment utopique : faire du rêve de la bibliothèque universelle, vieux de deux millénaires, une réalité. Purs produits eux-mêmes de l'université américaine, les fondateurs de Google proposent à plusieurs grandes bibliothèques de numériser leurs fonds : les universités de Stanford, bien sûr, mais aussi de Harvard, du Michigan et de Californie, ainsi que la New York Public Library répondent à l'appel. S'y ajoute dès le départ l'une des plus anciennes et prestigieuses bibliothèques européennes : la Bodleian d'Oxford. Le programme est également proposé aux éditeurs.

Le projet pose d'emblée la question du respect du droit d'auteur. À part l'université du Michigan, qui accepte de confier à Google la totalité de ses collections de plusieurs millions d'ouvrages, les autres bibliothèques se montrent plus respectueuses des règles et s'en tiennent en général aux œuvres tombées dans le domaine public : même avec cette limite, les quantités restent impressionnantes, 800 000 ouvrages numérisés, par exemple dans le cas des seules bibliothèques de Harvard. Je reviendrai dans un autre chapitre sur le problème capital des œuvres protégées : leur numérisation massive entreprise sans la permission préalable des ayants droit a provoqué un feuilleton politico-judiciaire sans précédent des deux côtés de l'Atlantique et, consciemment ou non, constitué l'une des décisions stratégiques de Google les plus lourdes de conséquences.

Mais revenons aux programmes de numérisation des seules œuvres libres de droits – c'est-à-dire antérieures à la fin du XIXe siècle, car lorsque les bibliothèques partenaires ont fait ce choix, la date retenue, 1869, exclut toute mauvaise surprise et témoigne même d'une extrême prudence. Si les accords de Google et de ses partenaires, couverts par une clause de confidentialité, restent mal connus – ce qui fait problème, on le verra, du point de vue européen – leur économie générale est à peu près identique. Google prend à sa charge la numérisation et la conversion en mode texte des ouvrages qui lui sont confiés par la bibliothèque et remet à cette dernière un exemplaire des fichiers numériques correspondants. En contrepartie et pendant une durée excessivement longue (jusqu'à vingt-cinq ans dans la majorité des cas, semble-t-il), Google a la possibilité d'exploiter commercialement les œuvres numérisées, par exemple sous la forme d'un service d'impression à la demande. De son côté, le partenaire limite contractuellement sa liberté pendant la même durée et s'engage à ne pas permettre à un concurrent de la firme californienne de profiter de l'investissement réalisé par la firme, par exemple en téléchargeant massivement les ouvrages numérisés, du moins sans de solides restrictions.

Depuis le lancement du programme, d'autres bibliothèques sont venues rejoindre Google Books. Des universités prestigieuses, la Complutense de Madrid et Keiõ de Tokyo, ont conclu un accord, ainsi que deux bibliothèques francophones : la bibliothèque cantonale et universitaire de Lausanne puis la bibliothèque municipale de Lyon, qui peut s'enorgueillir d'être la deuxième bibliothèque de France en raison d'un fonds patrimonial d'une très grande richesse, Lyon ayant été au XVIe siècle l'une des capitales européennes de l'imprimerie. S'ajoutent à cette liste des bibliothèques régionales qui, dans le cas de la Bavière, sont d'anciennes bibliothèques nationales et conservent des richesses patrimoniales exceptionnelles. Au total, une quarantaine d'institutions sont concernées et, on le verra, ce nombre va continuer de s'accroître. L'ouverture en direction du Japon montre aussi la volonté de ne tenir à l'écart aucune des grandes aires culturelles et linguistiques. Le reproche adressé à Google de favoriser l'hégémonie de la culture anglo-saxonne apparaît dès lors comme un faux procès – ce qui aurait dû sauter aux yeux dès le début, lorsque l'on connaît la richesse des bibliothèques universitaires américaines en ouvrages étrangers, principalement européens.

Google peut ainsi offrir en 2009 l'accès gratuit au texte intégral de quelque 2 millions d'ouvrages du domaine public en quarante-deux langues, dont la moitié ne sont pas en anglais, auxquels il conviendrait d'ajouter un volume équivalent d'ouvrages protégés que Google a numérisés et indexés avec l'accord des éditeurs partenaires. À ce jour, aucune bibliothèque nationale n'a encore conclu de partenariat avec Google, mais sans doute pour peu de temps : le gouvernement italien a fait savoir en août 2009 qu'il ouvrait des négociations en ce sens avec la firme californienne. L'objectif des discussions serait même sans précédent par son ampleur, puisqu'il viserait non seulement la numérisation des deux bibliothèques nationales centrales (Rome et Florence), mais aussi toutes les autres bibliothèques dépendant de l'État (dont celles qui à Naples ou à Turin, par exemple, correspondaient aux royaumes préexistant à l'unité italienne achevée en 1870), ainsi que celles des grandes villes.

Le traitement de quantités de livres aussi considérables pose en premier lieu de redoutables problèmes d'organisation.

Comme tout processus d'échelle industrielle, la numérisation massive des bibliothèques implique des investissements en ressources humaines, en locaux, en machines capables de soutenir un rythme qui n'a plus rien à voir avec la numérisation « à l'ancienne », anthologique ou de sauvegarde, qui s'apparentait à un mode de production artisanal. Outre le centre établi à proximité du siège de la société, le célèbre «Googleplex» de Mountain View, dans les environs de Stanford, les contraintes liées au transport ou les exigences de certaines bibliothèques ont conduit Google à ouvrir d'autres implantations, dont l'une, située dans la banlieue lyonnaise, se consacrera aux quelque 500 000 ouvrages que la bibliothèque municipale de Lyon entend lui confier.

Cette infrastructure est sans équivalent au monde à ce jour et elle permet à Google de creuser l'écart avec tout projet qui se voudrait concurrent, à la seule exception du domaine francophone, où Gallica dispose aujourd'hui d'une petite longueur d'avance sur Google Books, grâce au programme triennal que la BnF met en œuvre. 38 millions de pages auront été numérisées entre 2008 et 2010, ce qui permettra à Gallica de donner accès à près de 200 000 livres et à plusieurs centaines de milliers de fascicules de revues. Mais la situation va se modifier avec la montée en puissance du centre de numérisation que Google vient d'ouvrir près de Lyon et la poursuite de ses programmes en Suisse et en Belgique.

Il reste à se demander si cette course à la quantité a un sens, et nombreux sont ceux qui, notamment parmi les intellectuels français, s'interrogent sur ce point.

Le vrac, voilà l'ennemi ! Ce cri de guerre rassemble tous ceux qui ne conçoivent la numérisation que sur la base d'une approche qui se veut intellectuellement rigoureuse – par rapport à la stratégie de « tout venant » adoptée par Google.

Parmi tous les reproches adressés à la firme américaine, il y a lieu de prendre celui-là très au sérieux, en raison de l'approche noble et exigeante du savoir qui le sous-tend. Pourtant, à y regarder de plus près, il est particulièrement fragile. Que numérise Google en masse et, en effet, sans souci d'un ordre particulier ? Les ouvrages qu'ont sélectionnés pour son compte les bibliothèques de Harvard ou de Stanford, la Bodleian d'Oxford et la Complutense de Madrid : autant d'institutions donc qui, pour certaines au fil des siècles, ont constitué des collections remarquables. Dans le cas des grandes bibliothèques américaines en particulier, leur force provient de la visée d'exhaustivité qui est la leur et qui les a conduites à accumuler, par achats ou par dons, des richesses extraordinaires depuis deux siècles. Pourquoi et selon quels critères reclasser ou hiérarchiser des ensembles de tout premier ordre ? Tout chercheur de haut niveau sait que l'abondance des documents est la clé de l'avancée des connaissances. Pourquoi ce qui est admis comme une vérité d'évidence dans le domaine du livre physique deviendrait-il erreur dans la sphère virtuelle ?

Bien entendu, le processus technique de la

numérisation suppose d'établir une séquence des opérations. C'est à la bibliothèque concernée, en fonction des points forts de ses collections et de l'attente de ses usagers, de définir l'ordre qui correspond le mieux à ses priorités mais l'objectif final reste de rendre la plus grande partie de son fonds accessible sous forme numérique. Au demeurant, lorsque la BnF met en place des programmes de numérisation de masse, elle ne procède pas autrement à son échelle. Certes, elle commence par définir les domaines qu'elle entend privilégier dans le temps (la littérature et l'histoire nationales pour prendre des exemples qui s'imposent naturellement). C'est en ce sens – et en ce sens seulement[1] – que l'on peut parler de numérisation «organisée» par rapport à une numérisation qui n'opérerait aucune sélection. Mais une fois le domaine identifié, le choix ne se fait plus que de manière négative; nous excluons ainsi les ouvrages publiés en langue étrangère, ceux qui sont encore protégés par le droit d'auteur, et le cas échéant ceux que leur état matériel ou un format inhabituel rendent impropres à un processus de nature quasi industrielle. Tous les autres sont envoyés à la numérisation sans discrimination. Plusieurs

---

1. Il convient de distinguer aussi la question de la redondance entre bibliothèques, qui conduit à privilégier les collections les plus complètes ou les plus rares par rapport aux autres.

centaines d'ouvrages sont ainsi numérisés chaque jour, plus de dix millions de pages chaque
année. En aucun cas la sélection ne résulte d'un
jugement portant sur la qualité des œuvres ou
sur leur importance supposée. Une telle concep-
tion anthologique serait incompatible avec la
numérisation de masse.

Soit, diront les ennemis du vrac. Il n'en reste
pas moins vrai que le moteur de recherche de
Google livre les réponses à vos requêtes dans un
ordre qui n'a rien de scientifique. Ici encore, le
débat n'est pas exempt de confusion: on
mélange en effet facilement le moteur de recherche général et le programme Google Livres
(naguère Google Print ou Google recherche de
livres). Dans le premier cas, on retrouve la critique tant de fois ressassée du fameux algorithme
qui a fait la fortune de la firme californienne.
Cet algorithme nourrit d'autant plus de fantasmes
que son secret compte parmi les mieux gardés
au monde. Le principe de base toutefois en est
simple. Chaque clic, ou pour être précis chaque
lien entrant ou sortant d'une page, constitue un
vote et le moteur de recherche fait sortir en premier les résultats qui recueillent le plus grand
nombre de suffrages. Bien sûr, nous dit-on, ce
critère privilégie l'opinion courante, celle du
grand public par rapport au jugement éclairé
d'une élite de connaisseurs. À ce compte-là, il
faudrait préférer en politique le suffrage censi-

taire au suffrage universel. Plus sérieusement, que serait ce fameux critère de classement scientifique que l'on reproche à Google d'ignorer ? Il est étrange de voir de grands esprits qui ont eux-mêmes pratiqué la recherche au plus haut niveau évoquer un tel fantôme car un tel ordre scientifique, bien entendu, n'existe pas. Lorsque Jean-Noël Jeanneney écrit : « J'aimerais qu'il existe un fil d'Ariane. Si je veux faire un parallèle entre Corneille et Racine, si je veux savoir dans quelle pièce a été dite telle ou telle chose, il importe que les données soient organisées en conséquence », il obéit sans nul doute à une exigence intellectuelle respectable, mais c'est à partir de l'accumulation « en vrac » des ouvrages numérisés que les moteurs de recherche trouveront les citations qu'il souhaite... Quant à l'analyse comparée des deux auteurs, on ne saurait demander à un moteur de recherche de produire par lui-même une dissertation sur le sujet. Il ne peut bien entendu que livrer des informations ou des sources plus ou moins utiles. Faites l'expérience et tapez « parallèle Corneille Racine » dans la barre de recherche et Google vous livrera en première page onze références toutes pertinentes, en commençant par la célèbre citation de La Bruyère[1]. Suivent un article du *Figaro* fort

---

1. « Corneille peint les hommes comme ils devraient être ; Racine les peint tels qu'ils sont. »

pédagogique de 2006, puis *via* Google Livres, un «Parallèle des trois principaux poètes tragiques, Corneille, Racine et Crébillon» de 1765, accompagné de plusieurs références d'articles ou de colloques universitaires récents du Centre international Pierre-Corneille, de l'université de Cambridge, de Rouen, des Presses Universitaires de France... : bref, une moisson susceptible de répondre à des attentes très diverses, de la plus simple à la plus savante, que l'esprit le plus exigeant devrait trouver tout à fait honorable, même si l'ordre des occurrences n'a pas été établi par un spécialiste du théâtre classique français. Au reste, pour satisfaire un public universitaire, Google a mis au point un service particulier, «Google Scholar», qui restreint son champ aux publications académiques. Est-ce à dire que tout travail intellectuel sur les contenus devient superflu? Évidemment non, tout au contraire, car c'est l'une des tâches essentielles qui attendent aussi bien les bibliothécaires que les universitaires, sur leur site institutionnel ou sur d'autres. Et si ce travail est de qualité, les moteurs de recherche auront tôt fait de le repérer... Ne demandons donc pas à Google ou à ses concurrents de produire eux-mêmes de nouvelles connaissances. C'est assez qu'ils en créent le socle.

N'oublions pas surtout que la pertinence des réponses est fonction étroite de la requête. Si je recherche des informations sur la Révolution française, je m'attends à voir apparaître des références d'historiens reconnus, en plus de Wikipédia ! Mais si je veux me concentrer sur la vision contre-révolutionnaire des événements, les œuvres de penseurs engagés dans ce camp tels que Joseph de Maistre ou Bonald deviennent l'objet premier de ma démarche scientifique et les références correspondantes ne doivent en aucun cas avoir été écartées, reléguées ou censurées. Aucun ordre fixe, aucun «fil conducteur» préétabli ne peut à l'évidence satisfaire la variété des requêtes.

Pour le moins discutable en ce qui concerne le moteur de recherche général, l'objection du vrac l'est encore davantage dès lors que l'on parle de Google Livres – dont la matière, par définition, a été fournie par les bibliothèques partenaires. J'ai essayé de savoir si un biais idéologique apparaissait, par exemple à propos de la Révolution française, et j'ai introduit à intervalles réguliers la requête sur Google Livres. Le nombre de références et leur apparition dans le classement ont varié chaque fois – ce qui n'a rien d'étonnant compte tenu de l'enrichissement continu de la base en nouvelles ressources. J'ai pu voir surgir en premier, il y a quelques mois, un ouvrage d'Albert Soboul, l'historien des sans-culottes, marxiste pur et dur: on était loin de la vision «anglo-saxonne» et de sa réticence envers les aspects sanglants de la Révolution !... Plus récemment, François Furet est plébiscité, avec le couple Tulard-Gaxotte : coup de barre au centre et à droite, dira-t-on, mais que l'on se rassure à gauche, Aulard, Mathiez et Lefebvre ne sont pas loin ! Le même reproche pourrait être formulé à l'encontre de Gallica, dont le moteur de recherche livre « en vrac » un certain nombre de réponses dont plusieurs ne sont pas pertinentes. Même dans l'univers traditionnel des bibliothèques, la consultation d'un catalogue ne donne aucune indication sur une éventuelle hiérarchie des contenus : il suffit de faire l'expérience avec le catalogue général de la BnF, accessible à distance. Ce qui est certain, c'est que dans l'univers numérique l'étage de base sera toujours un vaste réservoir de données non classées. À partir de là, il sera possible de développer un nombre croissant d'outils d'exploitation capables d'en faire surgir des architectures plus ordonnées ou des réponses plus « ciblées ». Bref, pas d'ordre possible sans vrac à la base.

Quant au risque de manipulation des résultats, il existe : des tentatives ont bel et bien eu lieu pour influencer le classement et gonfler artificiellement la fréquentation de certains sites – mais Google y a réagi en mettant en place des procédures capables de détecter de telles manœuvres et d'en neutraliser l'impact. Il n'est certes pas question de prétendre que, même avec les améliorations qui lui ont été apportées et continueront de l'être à l'avenir, le moteur de Google, comme ses concurrents, ne fournira pas à l'internaute une masse importante, voire gigantesque de réponses sans intérêt ou non pertinentes. Mais quiconque a effectué une recherche le sait : il suffit d'une proportion relativement limitée – une réponse intéressante sur six ou sept dans les toutes premières pages par exemple – pour que l'internaute estime sa moisson fructueuse – *a fortiori* si, comme dans l'exemple de Racine et Corneille que je citais, la proportion est quasiment de 100 % dès la première page. Bien sûr, le savant est fondé à soutenir qu'une bibliographie rigoureuse serait intellectuellement plus satisfaisante – et c'est pourquoi Google ne comblera jamais pleinement notre besoin de connaissance. Qui s'en plaindrait ? Encore une fois, ne confondons pas les différents étages de l'univers numérique, ni les missions respectives des différents acteurs.

Il reste une autre critique, exprimée notamment par Roger Chartier dans les colonnes du *Monde.* Par son mode de fonctionnement même, le moteur de recherche donne accès à des mots clés ou à des phrases extraits du texte des ouvrages : il opère donc une fragmentation, on pourrait dire une pulvérisation de la pensée de l'auteur au détriment de la perception de sa cohérence et de son unité, alors qu'un livre phy-

sique rend au contraire cette unité immédiate-
ment sensible, de manière visuelle aussi bien que
tactile. En outre, Roger Chartier redoute que
Google ne revende, sous forme de services docu-
mentaires, des extraits de cet immense agrégat
de matière textuelle, ce qui changerait la nature
même des textes.

L'observation de Roger Chartier a beaucoup
de poids, mais quelles conclusions en tirer ? Tout
d'abord, la tentation de « grappiller » dans les
livres ou de les exploiter comme des « mines
d'informations » est évidemment antérieure à
Google. Que l'on songe aux dictionnaires de
citations ou aux manuels de littérature qui ont
nourri des générations de lycéens ou d'étudiants
français, le principe du « morceau choisi » n'est
pas né d'aujourd'hui. C'est du reste en raison du
danger qui existe depuis longtemps de ne voir
aborder les chefs-d'œuvre de notre littérature
qu'à partir d'extraits que, dans le « socle commun des connaissances et compétences » institué
par la loi sur l'école du 23 avril 2005, figure l'ap-
titude à lire une œuvre dans son texte intégral. Il
est vrai cependant que les extraits de nos manuels
étaient choisis par des maîtres patentés et qu'un
fil conducteur les reliait les uns aux autres pour
constituer un récit cohérent d'histoire littéraire
– au demeurant jugé avec condescendance par
les spécialistes... Le mal serait donc infiniment
plus profond avec Google qu'avec les bons

Lagarde et Michard de naguère... Il y a toutefois une illusion d'optique à reprocher au seul Google ce qui relève essentiellement de la logique profonde du numérique, y compris dans ses conséquences les plus déstabilisatrices sur l'objet-livre et l'unité d'une pensée. Certes le moteur de la firme californienne est le vecteur le plus actif de cette révolution dans l'accès au texte, on est même en droit de penser qu'il l'a considérablement accélérée, mais celle-ci était inéluctable, car elle découle de la nature même de l'univers numérique et de ses lois.

Surtout, à la différence des morceaux choisis traditionnels, Google donne simultanément l'accès universel au texte intégral d'un nombre d'ouvrages du domaine public qui se compte d'ores et déjà en millions... Cette abondance de matière a un revers : la quantité n'a-t-elle pas été privilégiée par rapport à la qualité ? Les érudits reprochent à juste titre à Google des défaillances bibliographiques : dates incertaines, confusion dans les éditions, pages omises ou empruntées à des exemplaires différents, etc. Il est exact que les « métadonnées », pour parler le langage des spécialistes, ne sont pas toujours fiables et peuvent conduire à des aberrations, lorsqu'une œuvre, par exemple, est censée avoir été créée longtemps après la mort de son auteur : fruit d'un programme informatique qui attribue par convention la même date de création aux ouvrages dont on ne connaît pas l'année. Statistiquement, ces erreurs représentent un petit pourcentage, mais compte tenu du volume total déjà numérisé, leur nombre est significatif. Cette critique est parfaitement légitime, mais doit être mise en balance avec l'intérêt que représente pour les chercheurs l'accès à distance à des textes rares. En outre, il est probable que nombre de ces erreurs seront corrigées au fil du temps, mais il est clair que nous devons avoir dans ce domaine des exigences supérieures.

Quant à la qualité de l'image ou de la conversion au mode-texte, il s'agit d'un problème sérieux que la BnF connaît bien. Ainsi la numérisation, lorsqu'elle part de microfilms, produit souvent des images de qualité médiocre et la conversion en mode-texte donne une proportion élevée d'erreurs. Une page peut se trouver omise ou mal calée, des accidents sont statistiquement inévitables dans un processus de masse. Les procédés de reconnaissance optique des caractères sont eux-mêmes en cours de perfectionnement, et la facture économique intervient nécessairement en ligne de compte. Sur Gallica, seuls 20 % des ouvrages aujourd'hui numérisés par la BnF le sont en mode-texte avec reconnaissance optique des caractères de très haute qualité – c'est-à-dire que le pourcentage d'erreurs ne dépasse pas 0,1 %, un caractère sur mille. Mais pour parvenir à ce degré d'exactitude, le coût du traitement est six fois plus élevé que pour un résultat « normal ». La dimension collaborative du web permettra au demeurant de rectifier nombre de ces erreurs, que des internautes attentifs auront repérées. La BnF tente sur ce sujet une expérience avec Wikipédia.

De façon plus générale, certains déplorent à l'avance le déclin ou la mort de la lecture suivie et attentive, sous prétexte que, même disponible en version intégrale, jamais un texte d'une certaine ampleur ne sera lu sur écran comme c'était le cas avec l'imprimé. Comme s'il arrivait rarement de « sauter des pages » d'un livre traditionnel ou de s'en tenir à une approche utilitariste. On connaît la plaisanterie de Woody Allen : « J'ai acquis une méthode de lecture rapide. J'ai lu *Guerre et Paix* en vingt minutes. Ça parle de la Russie... » Ici encore, il n'y a aucune raison d'incriminer Google comme l'unique responsable de cette évolution inhérente au numérique.

Surtout, rien ne permet de dire aujourd'hui quel sera l'impact de la multiplication attendue des plates-formes mobiles sur la lecture suivie, ni sur l'éventuelle adaptation de nos processus cognitifs. Il y aurait là matière à expérimentation pour les pouvoirs publics... À son échelle, la BnF ouvre au premier semestre 2010, dans ses espaces ouverts à tous, un « Labo » permettant de faire connaître et d'expérimenter les nouvelles technologies de la lecture – la coexistence avec les collections imprimées étant en soi tout un symbole. Mais il serait très instructif de réaliser un test à grande échelle dans les lycées notamment, qui ne devrait pas coûter grand-chose au budget de l'État, car nul doute que les Sony, Apple ou d'autres fabricants trouveraient avantage à se porter volontaires pour équiper un nombre significatif d'élèves et observer leurs usages, leurs attentes et leurs frustrations éventuelles.

J'ai évoqué le lycée à cause de l'encadrement des jeunes par des enseignants qui devraient naturellement jouer un rôle majeur dans l'expérience. Majeur, en ce sens que face à la masse des ouvrages désormais téléchargeables, le rôle des médiateurs – entendu au sens de ceux qui transmettent, initient et conseillent, à commencer par les bibliothécaires – se révèle plus que jamais essentiel. Majeur mais non exclusif, car il faut jouer aussi à plein sur le potentiel des réseaux sociaux qui fait qu'une recommandation émise par un pair n'a pas moins de poids que si elle provient d'une « autorité » supérieure.

Quant à l'impact à long terme sur la lecture savante, il est également difficile à prévoir. Nous constatons empiriquement à la BnF que la fréquentation de la bibliothèque de recherche ne cesse de croître, alors que l'offre numérique à distance augmente rapidement. Il est vrai que la majorité des ouvrages empruntés sur place est protégée par le droit d'auteur et donc non accessible en ligne. Un professeur de l'université de Chicago, Andrew Abbott, a démontré que dans certains domaines, notamment les humanités, la recherche ne pourrait se passer de la fréquentation des bibliothèques. Ainsi, la « sérendipité » – ce hasard qui fait naître de nouvelles idées ou des progrès dans la connaissance, par exemple lorsque, en parcourant une étagère, l'on feuillette un ouvrage qui n'est pas celui que l'on cherche au départ – est difficilement programmable par un moteur de recherche. L'expérience suggère en tout cas que, pour de nombreuses années encore, bibliothèque numérique et bibliothèque physique, lecture sur écran et consultation d'originaux se conforteront mutuellement dans une grande partie du monde de la recherche.

Pour clore provisoirement ces réflexions sur le besoin d'ordre qui se fait sentir face à la quantité indiscriminée de données disponibles sur la Toile, une réalité essentielle ne doit jamais être oubliée. Dans l'univers physique, un livre, pour être accessible, se voit nécessairement assigner un emplacement unique. Depuis le XVIIᵉ siècle, tout le travail des bibliothécaires a consisté à raffiner le système de classement et de catalogage. Un ouvrage replacé sur la mauvaise étagère peut être en général considéré comme perdu. Dans l'univers numérique, il existe à l'inverse une infinité d'ordonnancements possibles – l'internaute le sait et c'est pourquoi il résiste à l'idée qu'un choix unique lui soit imposé, même par les meilleurs esprits. Il faut donc repenser la question à nouveaux frais et se rappeler que c'est de la quantité des données que naîtront les outils permettant de les exploiter de la manière la plus intelligente.

La grande peur des érudits n'a donc pas lieu d'être : on aura toujours besoin d'avoir recours à leur science et à leur autorité, mais ils doivent s'habituer à l'idée qu'ils ne sont plus le passage obligé. Il reste que les exigences de la connaissance, au plein sens du terme, vont bien au-delà du seul accès rapide à l'information qui est, à ce jour, l'apport le plus visible des moteurs de recherche tels que Google.

Ce point capital sous-tend l'un des arguments que le directeur des bibliothèques de Stanford m'avait exposés pour justifier son accord avec Google : l'économie réalisée sur le coût de la numérisation de masse permettait à l'université d'investir en priorité dans la mise au point de tels instruments d'exploitation des ressources numériques au profit de la communauté des chercheurs et des étudiants, sinon d'un plus vaste public – en collaboration avec plusieurs laboratoires extérieurs, notamment au Japon. À l'heure où l'économie de la connaissance est présentée dans tous les discours comme une priorité, cette stratégie ne m'avait pas paru absurde... Un enjeu majeur des années à venir est en effet de perfectionner les moteurs de recherche afin qu'ils deviennent de plus en plus «intelligents», voire investissent de nouveaux domaines, tels que l'indexation des images. Celle-ci ne peut s'effectuer aujourd'hui qu'à travers l'indexation des textes qui les accompagnent et en décrivent le contenu, et il est probable qu'il en restera ainsi un certain temps. C'est du reste l'intuition remarquable des concepteurs de Google que d'avoir compris, en pleine «civilisation des images», la puissance unique du texte écrit. Dans l'immédiat, l'accumulation des textes permet à Google de développer de nouvelles fonctionnalités et de maintenir, voire d'accroître son avance en ce domaine. Tel est le cas en particulier pour tout ce qui relève de la diversité linguistique (recherche multilingue, logiciels de traduction automatique, qui ne peuvent que s'améliorer grâce à l'accumulation des contenus) ou de la compréhension plus fine des requêtes – les instruments de «recherche avancée» restant à ce stade encore rudimentaires. Dans ce domaine toutefois, aucune position ne peut être tenue pour acquise et rien ne dit qu'à une échéance indéterminée un concurrent ne surgira pas avec une avancée remarquable – peut-être aussi «petit» au départ que le couple Larry Page-Sergueÿ Brin. Sans aller jusque-là, des moteurs de recherche plus spécialisés, adaptés aux attentes et aux pratiques de certaines communautés, sont appelés à se développer à côté des moteurs généralistes. On le voit par exemple dans le domaine juridique. Voilà le vrai «défi» pour la France et l'Europe... sans oublier l'Asie, qui s'y intéresse également[1].

Opposer la quantité à la qualité n'a donc plus guère de sens ou du moins doit être fortement relativisé. La masse est désormais une des composantes de la qualité de l'offre. La fameuse injonction d'Élisabeth Badinter «Je veux tous les livres tout de suite» – lancée à l'époque où la controverse faisait rage pour savoir si la «Très Grande Bibliothèque» ne devait accueillir que la production postérieure à 1945 – peut se transposer telle quelle à l'ère numérique. Même si, en pratique, il est probable que les millions de titres conservés depuis l'invention de l'imprimerie ne seront pas tous numérisés, le fait est là: l'horizon d'attente est désormais l'exhaustivité, condamnant à l'anecdotique, à la spécialisation ou à la marginalisation toute bibliothèque numérique qui s'accrocherait à un principe de sélection opéré sur la base d'une évaluation *a priori* des contenus. À moins de ne vouloir délibérément constituer qu'une «vitrine» de trésors, ce qui est

---

1. Au sein du grand emprunt voulu par le président Sarkozy, une enveloppe substantielle est réservée au développement d'usages numériques innovants...

le cas de la World Digital Library, projet voulu par la Bibliothèque du Congrès des États-Unis et patronné par l'Unesco: la mise en ligne de quelques centaines de documents fondamentaux issus de toutes les cultures et civilisations du globe a valeur de reconnaissance symbolique, notamment pour de jeunes nations ou des pays en développement – et ce n'est pas négligeable. Mais elle ne peut en aucun cas offrir une matière suffisante pour une recherche plus approfondie.

La difficulté vient du fait que, conceptuellement, il n'y a guère de moyen terme entre un principe d'exhaustivité et une approche très sélective. J'ai pensé un moment que, dans le cas de la BnF, les marchés de numérisation de masse, dont j'ai signé le premier en septembre 2007, constituaient précisément ce moyen terme. Sélectif dans le choix des domaines à numériser – la poésie française par exemple –, exhaustif à ce niveau – sous réserve des critères d'exclusion que j'ai mentionnés (œuvres protégées en particulier), pas de tri entre les «bons» et les «mauvais» poètes, pas plus qu'entre les œuvres d'un même auteur. L'ampleur du programme Google oblige à penser autrement.

Pour le dire simplement, il n'est pas de document écrit qui n'ait vocation à devenir accessible un jour sous forme numérique. Ce point est capital.

Pour les jeunes générations et celles qui suivront, l'écran est la porte d'entrée naturelle au texte. De même que les manuscrits médiévaux qui n'ont pas été publiés en forme de livre imprimé sont sortis du champ intellectuel – à l'exception d'une poignée de spécialistes –, de même les imprimés qui n'auront pas été numérisés risquent de se trouver marginalisés. Quant aux langues qui n'auront pas investi massivement ce champ, elles courent le même danger.

Le facteur-temps est en effet déterminant. De la même manière que les Portugais et les Espagnols, puis les Anglais et les Français, se sont lancés les premiers dans l'exploration du Nouveau Monde, assurant ainsi à leur langue une dimension mondiale, il est impératif de garantir le plus vite possible au français une place de choix sur la Toile.

Compte tenu de la place occupée par Google, comme point d'accès premier au Net, qui avoisine les 90 % dans le cas de la France, le bon référencement des ressources numériques d'origine française par le moteur de recherche constitue un enjeu essentiel pour notre pays. Même s'il se limitait à ce seul point, des discussions avec Google seraient indispensables et seuls des idéologues pourraient chercher à s'y opposer. Mais pourquoi s'interdire de pousser la réflexion plus loin ?

5

Google, l'éditeur et l'auteur

La décision prise par Google de se lancer dans la numérisation massive d'œuvres couvertes par le copyright a constitué de toute évidence un événement lourd de conséquences. Dans le cadre des accords conclus, notamment avec l'université du Michigan, ce serait quelque six ou sept millions d'œuvres protégées qui ont ainsi été numérisées sans la permission des ayants droit – auteurs ou éditeurs. Quelque deux millions supplémentaires l'ont été avec l'autorisation de ces derniers.

Une décision aussi risquée sur le plan juridique s'explique en grande partie par des raisons pratiques tenant à l'économie même du processus de numérisation dès lors qu'il passe au stade industriel. Il est beaucoup plus efficace et rapide en effet, comme on l'a vu, d'opérer le minimum de tri possible dans les collections des bibliothèques. La BnF en sait quelque chose puisque, dans ses propres programmes de numérisation, ce ne sont en définitive que 20 % des ouvrages d'un domaine donné qu'elle envoie dans les chaînes de numérisation, compte tenu notamment du nombre très important de livres étrangers ou protégés par le droit d'auteur, ce qui complique fortement sa tâche... Mais à Harvard ou dans la majorité des autres bibliothèques partenaires, celles-ci ont opéré la sélection nécessaire pour ne courir aucun risque juridique. Il faut donc être conscient que Google a agi en pleine connaissance de cause, en cherchant à exploiter au maximum les marges de manœuvre que le droit américain, à ses yeux, autorisait. Tel est le cas en particulier de la règle du «fair use», qui permet de citer des extraits d'ouvrage à des fins scientifiques ou culturelles de manière beaucoup plus généreuse que le droit de courte citation admis en France ou en Europe. Consciente cependant que la politique du fait accompli risquait de provoquer des réactions de rejet, la firme offrait aux ayants droit une possibilité d'«opt out», c'est-à-dire la faculté d'indiquer les œuvres qu'ils ne voulaient pas voir numérisées, mais cette option était quasiment rédhibitoire en pratique.

La réponse ne s'est pas fait attendre. Dès septembre 2005, l'Authors Guild, équivalent américain de la Société des gens de lettres, poursuivait Google au titre d'une violation massive du droit d'auteur. Un mois plus tard, un certain nombre de maisons d'édition américaines faisaient de même.

Pour tenter de mettre un terme à des procès qui risquaient de retarder ou même d'interdire tout à fait le moment où elle pourrait tirer profit de l'investissement considérable en cours de réalisation, la firme a proposé aux plaignants de négocier un compromis. Ainsi débutait une véritable saga médiatique et judicaire dont la première étape a été la mise au point d'un accord entre les parties au printemps 2009. L'accord envisagé reposait sur le recours à la «class action», qui permet de régler un différend en bloc avec une catégorie bien déterminée – en l'espèce les auteurs, représentés par l'Authors Guild, et les éditeurs, représentés par l'Association of American Publishers – au lieu d'attendre le dénouement d'une infinité de procès particuliers. Je n'entrerai pas ici dans la description détaillée du projet initial de règlement («settlement»), qui comportait quelque cent quarante pages serrées! L'économie générale du projet initial, résultant de très longues négociations, peut toutefois se résumer de la manière suivante. À titre de dédommagement pour avoir numérisé sans l'autorisation préalable des ayants droit, Google s'engageait à leur verser une somme de 45 millions de dollars. Un «Books Right Registry» serait institué, financé par Google mais non contrôlé par lui, avec comme mission de déterminer le statut d'un ouvrage et celui de ses ayants droit. Un tel instrument est nécessaire, notamment pour établir si un ouvrage est «orphelin», c'est-à-dire encore couvert par le copyright mais sans que les titulaires des droits soient identifiés : la proportion d'œuvres orphelines dans les six ou sept millions d'ouvrages protégés déjà numérisés par Google est inconnue, mais elle est à coup sûr très élevée. À titre de comparaison, la British Library estime que cette catégorie pourrait représenter jusqu'à 40 % de ses collections protégées par le droit d'auteur ! L'accord prévoyait en outre que l'accès à distance aux œuvres protégées serait payant. Le prix serait acquitté directement par l'internaute en cas d'achat au titre, ou bien par les bibliothèques sous forme d'abonnement à la base dans son intégralité. La recette serait répartie entre Google (37 %) et les ayants droit (63 %). Un point d'accès gratuit mais unique à la totalité de la base numérisée était d'autre part prévu dans les bibliothèques et les universités américaines qui en feraient la demande. Diverses dispositions étaient prévues en outre pour laisser une certaine liberté de choix aux ayants droit. Tout d'abord, en leur donnant la possibilité de se dissocier de la «class action». Très peu l'ont fait, car le coût de procès séparés eût été évidemment prohibitif. Aucun éditeur français important, en tout cas, n'a utilisé cette faculté. À l'intérieur du règlement lui-même, les éditeurs ont la possibilité de retirer leurs ouvrages afin, s'ils le souhaitent, de négocier un accord séparé avec Google. L'habileté de ce projet d'accord a pu être qualifiée de diabolique, tant les opposants se trouvaient pris en tenaille entre le désir de faire payer chèrement une entreprise accusée de «piratage» et l'intérêt pécuniaire, bien réel à court terme, d'adhérer au système.

Pour entrer en vigueur, toutefois, le projet de «settlement» devait être ratifié par un juge de New York. La date de la décision était primitivement fixée au début de juillet 2009. Elle a dû être repoussée au mois d'octobre, afin de permettre au juge de tenir compte des multiples remarques ou objections que le projet suscitait. Une coalition hétéroclite d'opposants s'est effectivement manifestée pour empêcher ce qui apparaissait non seulement comme une absolution à bon compte d'agissements passés, mais encore comme la consécration d'un monopole de fait, en particulier pour l'accès aux œuvres orphelines. Un concurrent, en effet, aurait dû solliciter l'accord individuel des ayants droit pour obtenir la possibilité de numériser à son tour les œuvres concernées. Autant dire une quasi-impossibilité de fait. Il n'est pas surprenant que des géants tels que Microsoft, Yahoo et Amazon, désireux de ne pas se trouver évincés du marché, aient compté parmi les opposants les plus actifs, ressuscitant pour l'occasion l'Open Book Alliance[1], qui, non sans d'évidentes arrière-pensées chez certains, se faisait l'avocat de la concurrence. Cet aspect des choses préoccupait également le département fédéral de la Justice qui, tout en soutenant le principe général d'un tel accord, en contestait les dispositions les plus problématiques du point de vue des règles de la concurrence. De leur côté, les Européens, éditeurs ou auteurs, pouvaient difficilement admettre qu'une transaction négociée aux États-Unis sans aucune participation de leur part puisse s'imposer à eux telle quelle! Ils récusent le principe de l'«opt out», c'est-à-dire la présomption que, sauf décision contraire expresse de leur part, les éditeurs et les auteurs sont présumés adhérer à l'accord, ce qui s'appelle familièrement se voir forcer la main. Car si le projet d'accord avait une application territoriale limitée aux États-Unis, sa portée était mondiale puisqu'il concernait des œuvres de tout pays.

Les éditeurs français ont été échaudés par ce qu'ils considéraient comme une attitude évasive ou dilatoire de Google sur les points qui les pré-

---

1. Open Book Alliance: fondée en 2005, notamment par Internet Archive et Yahoo, en vue de créer une base de textes numérisés accessibles en ligne. Microsoft y a collaboré jusqu'en 2008, au moment où la firme a mis un terme à son projet Live Book Search, et s'est de nouveau joint au consortium en 2009.

occupaient. Ils ont pris résolument position contre le projet d'accord. Associé à La Martinière, le Syndicat national de l'édition a également saisi la justice française en lui demandant d'infliger à Google une amende de rien de moins que 15 millions d'euros pour contrefaçon. Les éditeurs et les auteurs redoutaient évidemment que si leurs œuvres devenaient légalement accessibles sous forme numérique aux États-Unis, la logique de l'Internet étant évidemment mondiale et se jouant des frontières, leur marché en Europe n'en subisse l'impact de plein fouet. D'autant que la fixation du prix, en théorie du ressort de l'éditeur dans le projet de «settlement», risquait d'être tirée vers le bas – compromettant à terme plus ou moins rapproché la viabilité économique de la filière. Sensible à cette crainte et s'appuyant sur une analyse juridique détaillée, l'État français a lui-même déposé ses objections, imité en cela par le gouvernement allemand. Ironie de la situation : le syndicat allemand a bruyamment protesté contre le projet, alors que, discrètement, les deux géants de l'édition du pays, Springer et Bertelsmann, faisaient connaître une position différente.

Les associations internationales de bibliothèques, quant à elles, ont également pris position, mais leurs préoccupations étaient d'un autre ordre. Ainsi Robert Darnton a-t-il exprimé la crainte que l'abonnement au «corpus» des œuvres sous droits numérisées par Google, après avoir bénéficié d'un prix d'appel particulièrement attractif, ne devienne progressivement très onéreux. Il cite à cet égard la politique tarifaire des grands éditeurs scientifiques qui, après avoir rendu incontournable l'abonnement à leurs publications, ont pu tranquillement augmenter leurs prix, certains que la pression des utilisateurs empêcherait les bibliothèques de résilier leurs contrats... Quant à la possibilité d'ouvrir dans chaque bibliothèque publique américaine un poste unique donnant accès à la totalité de la base, il la jugeait à juste titre impraticable dans les institutions les plus fréquentées, telles que la New York Public Library. Toutefois les positions publiques au niveau de la profession[1] révèlent une certaine ambiguïté – on ne saurait s'en étonner puisque ce sont des bibliothèques parmi les plus prestigieuses qui fournissent sa matière à Google. Alors que la numérisation par la firme américaine des œuvres tombées dans le domaine public ne pose pas de problème de principe à leurs yeux, leur crainte était de voir Google bénéficier d'un monopole d'accès aux œuvres protégées. La nature territoriale du « settlement », en outre, faisait que les bibliothèques américaines

---

1. Notamment, l'IFLA, International Federation of Libraries Association, et la CENL, Conference of European National Libraries.

allaient bénéficier d'un avantage certain sur leurs consœurs des autres pays puisque ces dernières ne pourraient offrir à leurs lecteurs l'accès à la totalité de la base.

Enfin, nombre de voix se sont élevées à raison pour souligner les dangers de voir Google accumuler sur chacun de nous un nombre excessif de renseignements personnels, faisant ainsi peser une vraie menace sur le respect de notre vie privée. La Commission européenne a fait état de préoccupations similaires, qui valent également pour d'autres opérateurs que Google, dont les opérateurs téléphoniques et Microsoft, car le « profilage » de l'internaute est évidemment un problème beaucoup plus général. Sur ce thème sensible, la firme a dû rapidement repréciser sa politique de confidentialité mais les autorités européennes continuent d'exercer une pression légitime pour obtenir des garanties supplémentaires.

À l'expiration du délai octroyé par le juge pour présenter remarques et objections, ce dernier n'a pu que constater une fois de plus que le « settlement » était impossible à approuver en l'état. Pour autant, il n'était pas question de le rejeter. Il a donc décidé un nouveau report afin de permettre aux parties – Google, l'Author's Guild et l'Association of American Publishers – de renégocier le texte et de lui soumettre une nouvelle mouture. Celle-ci a été déposée *in extre-*

mis le 13 novembre 2009. Si les principes généraux n'ont guère varié, Google a dû consentir deux concessions significatives. La première porte sur la «nationalité» des œuvres: l'accord ne couvrirait plus que la production anglo-saxonne – Royaume-Uni compris –, ce qui constitue une première satisfaction pour les ayants droit européens[1]. La seconde porte sur l'exclusivité commerciale et a pour but de désamorcer les critiques du département américain de la Justice relatives à la législation antitrust.

Les retouches apportées à l'accord apparaîtront-elles suffisantes au juge de New York pour qu'il le consacre? Ou bien certains opposants, à commencer par d'autres géants américains, redoubleront-ils d'efforts pour l'empêcher? L'hypothèse la plus vraisemblable est que l'accord finira tôt ou tard par être validé, car les amendements apportés ne sont pas de pure forme. Une telle approbation ne signifierait pas nécessairement la fin de la saga, car une instance en appel est possible, ce qui pourrait repousser d'un ou deux ans la conclusion définitive de l'affaire. Ce qui se mettra en place au bout du compte sera d'une importance capitale.

Compte tenu du poids des États-Unis dans le

---

1. Pour être précis, il s'agit des œuvres enregistrées aux États-Unis pour le copyright, ce qui inclut également un certain nombre de titres européens, y compris français.

monde, les principes d'un tel accord constitueront une référence incontournable, même si d'autres modèles sont encore possibles en Europe. Surtout, ce sera l'occasion d'observer en vraie grandeur comment évoluent les usages d'un côté – l'émergence d'un marché numérique beaucoup plus développé qu'à ce jour –, les positions de pouvoir de l'autre. Sur ce dernier point, les acteurs européens devront se montrer particulièrement attentifs. Il est clair en effet que, dans l'univers numérique et à l'inverse de celui du papier, le vendeur final acquiert une position privilégiée puisqu'il est en mesure de réaliser le rêve de tout marchand – atteindre virtuellement un public mondial sans entrepôts ni camions, avec pour seule infrastructure une architecture informatique adéquate. Les acteurs les plus menacés sont évidemment les libraires, qui peuvent toutefois espérer «sauver les meubles» et même, pour les plus dynamiques, tirer leur épingle du jeu. En France, le «label de qualité» récemment institué à la suite du remarquable rapport élaboré par Antoine Gallimard en fera entrer une minorité significative dans une économie subventionnée – fût-ce de manière relativement marginale. Aux États-Unis, Barnes et Nobles s'efforce d'investir le champ numérique en profitant de la notoriété de sa marque, équivalent fonctionnel décerné par le marché du «label de qualité» qui en France résultera d'une onction officielle. J'ai pu également observer lors d'une visite à Harvard l'affluence de la grande librairie située en face de l'université. Voilà une librairie qui, par la richesse de son fonds, ressemble à une bibliothèque où l'on peut librement se servir sur les étagères, feuilleter les ouvrages et aiguiser son appétit de lecture. Des lecteurs de tout âge, concentrés et silencieux, se pressaient entre les rayonnages. Mais le spectacle le moins intéressant n'était pas la machine «Expresso du livre» mise en place par Google : massive mais transparente, elle imprime et relie sous les yeux des clients un livre depuis longtemps épuisé ou introuvable, le tout pour un prix très modéré. La commande pouvant se faire chez le libraire par Internet, on voit sans peine la commodité du service par rapport au téléchargement et à l'impression à domicile. Le «print on demand» apparaît clairement comme un marché potentiel très important à terme. C'est n'est pas un hasard si le groupe Hachette a décidé de créer dans ce domaine un partenariat 50/50 avec le leader américain du secteur. Mais le «commerce de proximité» qu'est le libraire peut aussi y trouver sa place. De toute évidence, c'est en s'ouvrant aux nouvelles pratiques des lecteurs que la librairie conservera sa raison d'être, en jouant aussi sur l'impératif de conseil et le besoin de lien social qui coexistent avec le développement de l'univers numérique – autant de facteurs qui jouent également en faveur du rôle des bibliothécaires dans ce nouveau monde.

Quant aux éditeurs américains, l'accord leur permettra d'engranger des indemnités et des recettes, mais leur position est plus incertaine à long terme, car Google va sans doute se développer à son tour comme éditeur. Dans l'immédiat, outre les 45 millions de dollars qui seront partagés entre auteurs et éditeurs, Google financera le Registre dont la profession aurait eu besoin de toute manière. Au total, l'accord coûtera 125 millions de dollars à la firme de Mountain View s'il est définitivement validé.

Les éditeurs européens sont évidemment partagés. Si les Britanniques adhèrent à l'accord, la satisfaction est loin d'être générale ailleurs. Tout d'abord, l'indemnisation promise par Google ne les concerne plus – et ce peut être un réel manque à gagner pour certains. Le sort des ouvrages numérisés sans autorisation préalable reste à déterminer : continueront-ils d'être indexés et présentés sous forme d'extraits ? Les éditeurs peuvent-ils exiger le retrait ou la destruction des fichiers ? Surtout, quelle règle appliquer à l'avenir et quelle garantie sur le principe d'une autorisation préalable pour les titres de demain ? Ces incertitudes ont amené l'État français et les éditeurs à déposer de nouvelles objections. La voie judiciaire reste ouverte en Europe, mais elle est coûteuse et son résultat final incertain. Le

18 décembre 2009, les éditions La Martinière, soutenues par le Syndicat national de l'édition, ont remporté une première manche devant le tribunal de grande instance de Paris. Cette décision constitue un événement important mais ne règle pas tout. Google, condamné à verser 300 000 euros et à cesser de numériser sans autorisation, fait appel. Surtout, la portée du jugement reste limitée, même s'il constitue une sorte de précédent et, à coup sûr, un avertissement sérieux pour Google. Une négociation apparaît donc inévitable : c'est du reste le sentiment exprimé par Hervé de La Martinière lui-même à l'issue de son premier succès judiciaire. Il est vrai, et ce point n'a pas été assez souligné, qu'avec le projet de règlement envisagé aux États-Unis, Google a réussi à se mettre d'accord avec les ayants droit sur un dispositif d'accès légal et payant aux œuvres protégées qui constitue une première au monde à pareille échelle. Quoi que l'on pense de la manière dont les parties sont parvenues à ce compromis, il s'agit d'un résultat qui va dans le sens de ce que nous souhaitons en Europe. L'essentiel pour les éditeurs est de mettre le maximum de cartes dans leur jeu : ils auront besoin sur certains aspects d'une implication des pouvoirs publics, notamment sur le plan des règles juridiques, mais c'est à eux qu'incombe la responsabilité de présenter un front uni, au minimum à l'échelle nationale.

6

Google et la crainte du monopole

Google n'agace pas seulement parce qu'il s'est comporté de manière répréhensible sur le plan juridique mais aussi parce qu'il nous est tout simplement devenu indispensable dans la vie de tous les jours... C'est même en France que le phénomène est le plus massif, puisque le moteur de recherche y est plébiscité à près de 90 % par nos compatriotes – et ce n'est pourtant pas faute d'alternative. Que ce soit pour ouvrir une messagerie, trouver un restaurant, préparer un voyage ou effectuer une recherche pointue, Google « colle à nos désirs » sans exiger le moindre paiement en échange dans la plupart des cas.

Le modèle de Google déconcerte parce qu'il est hybride, comparé par certains à un caméléon. Il tient à la fois de la bibliothèque, du fait de l'accumulation des données, et des médias, par sa mobilité instantanée, le flux continuellement enrichi des informations qu'il véhicule et son mode de financement, comparable à celui des chaînes de télévision privées hertziennes telles que TF1 – qu'il contribue d'ailleurs à déstabiliser... En offrant en libre accès des contenus culturels de haut niveau à travers Google Livres, il perturbe les schémas mentaux de ceux pour qui service public et financement publicitaire sont des notions incompatibles. La réussite de Google suscite une floraison d'articles et d'essais dénonçant la « googlisation » du monde et des esprits, phénomène d'autant plus pernicieux qu'il s'affublerait d'un masque souriant et bienveillant mais évidemment trompeur...

On ne voit pas où s'arrêtera l'expansion de Google, qui est à la fois un moteur, une messagerie, un hébergeur, un marchand de logiciels, un traducteur automatique surpuissant, un fabricant de téléphones, un navigateur, un système d'exploitation mobile... Comme la firme travaille sur la langue et observe, certains diront espionne, les individus, la crainte existe de voir Google créer un « monde Google » d'autant plus hégémonique que nous n'aurions pas conscience de sa prégnance – au contraire, puisque celle-ci serait d'une grande douceur... Dans cette vision orwellienne, la seule limite tiendrait à l'éthique de Google.

Il est vrai que le discours tenu par la firme – « Don't be evil » – est trop simpliste, trop rempli de bonnes intentions pour être parfaitement honnête... Mais s'arrêter à ce niveau de critique risque de faire oublier l'essentiel et ne permet guère de comprendre pourquoi, en dépit de cet envahissement, le succès de la firme ne se dément pas. Google est tout sauf un vulgaire contrefacteur ou un monopole classique. Yann Moulier-Boutang[1] souligne à quel point l'hégémonie de Google s'installe avec le consentement actif des utilisateurs, matérialisé par les quelque quatorze millions de clics enregistrés chaque seconde sur la planète – y compris, bien sûr, lorsqu'ils sont le fait de ses dénonciateurs... C'est à juste titre qu'il décrit Google comme le vecteur emblématique d'une nouvelle forme de capitalisme, déjà entrevue par Milton Friedman dans les années 60 avec l'accent mis sur le « capitalisme humain », considéré à l'époque avant tout sous l'angle du niveau d'éducation et de formation des individus. Ce « capitalisme cognitif » ne se résume évidemment pas au seul profilage des internautes, rendu possible par la mémoire de leurs recherches et convertible dès lors en recettes publicitaires – grâce à un ciblage plus ou moins pertinent mais en tout cas beaucoup plus fin que ne le permettent les autres moyens d'atteindre le « client » potentiel. Ce faisant, Google exploite bien sûr à plein ce que pratique tout site

_____

1. Professeur à l'université de technologie de Compiègne et directeur de la revue *Multitudes* qui a consacré un numéro remarquable à Google.

de commerce en ligne, lorsqu'il vous signale :
«Ceux qui ont aimé ce livre, ou ce film, ont aussi
acheté tel ou tel titre.» Aussi les producteurs de
biens et de services sont-ils prêts à payer chèrement à Google la possibilité d'atteindre avec une
faible marge d'erreur un segment bien déter-
miné du marché – précisément grâce à la constitution de communautés virtuelles que permet
Internet. C'est donc la circulation qui crée ici de
la valeur, mais d'une tout autre manière que les
«circuits» traditionnels qui se contentent par
exemple d'acheminer un produit d'un fabricant
vers un client, ou, à l'instar des panneaux d'affi-
chage urbains, d'adresser un même message à
une population indifférenciée. Elle a été comparée par Yann Moulier-Boutang à l'activité de pol-
linisation des abeilles : la fabrication du miel est
bien la finalité visible de leur travail, mais ce dernier est indispensable à la reproduction des plan-
tes, et à ce titre il crée une valeur infiniment plus
élevée que le seul chiffre d'affaires des apicul-
teurs. Notre monde serait en effet invivable si les
végétaux disparaissaient, alors que nous pour-
rions tout à fait nous passer de miel... C'est bel et
bien la puissance du travail collectif (incons-
cient) de millions et de millions d'internautes
qui est la clé du succès phénoménal de Google,
bien plus que sa compétence en matière de régie
publicitaire, partagée par d'autres, ou même la
pertinence de son fameux algorithme de recher-

che, compte tenu des progrès accomplis dans ce domaine par ses concurrents.

Google bénéficie ainsi d'une sorte de légitimité démocratique que tous les discours plus ou moins décapants sur sa réalité profonde, sa voracité commerciale ou sa «face cachée» sont impuissants à contrer. C'est la raison pour laquelle je ne crois guère au risque évoqué par certains de voir Google se comporter en monopole classique, qui déciderait de rendre ses services payants une fois qu'ils seraient devenus indispensables aux utilisateurs. Cette crainte repose sur une méconnaissance de ce qui constitue la spécificité de Google et de son modèle, dans lequel la gratuité pour l'internaute n'est pas un appât commercial mais une composante essentielle. Bien sûr, les économistes ont beau jeu de souligner que la gratuité absolue est un mythe et qu'il y a toujours un payeur quelque part. Nous le savons bien dans nos grandes institutions culturelles publiques, qui comptons sur le contribuable pour réduire au plus bas niveau possible, voire supprimer, le prix d'entrée acquitté par nos lecteurs ou nos visiteurs. Mais pour l'utilisateur la différence est capitale... Le mouvement est clairement à sens unique : l'État peut ainsi instaurer la gratuité pour l'entrée dans les musées, mais un retour en arrière serait socialement quasi impossible. Il en va de même pour Google qui s'engagerait dans une spirale suici-

daire s'il tentait d'instaurer un paiement obliga-
toire pour des services auparavant gratuits. Aussi
la stratégie de la firme est-elle à l'évidence de
conquérir sans cesse de nouveaux territoires et
d'inventer de nouveaux services, toujours fondés
sur la satisfaction de besoins ou de désirs de
l'usager. La logique est la même pour le mana-
gement de la firme: la journée consacrée par
ses employés à des travaux personnels, censée
contribuer à leur bien-être individuel, apporte
également une plus-value à l'entreprise... Ainsi
en va-t-il de la possibilité offerte à l'inventeur
d'une application de la tester gratuitement en
profitant de son incomparable puissance de diffusion, Google ne percevant de royalties que si
le produit franchit le cap de l'exploitation
commerciale. La compagnie est ainsi informée
très en amont des innovations conçues de manière
indépendante et leur permet d'éclore de façon
«désintéressée» jusqu'à ce qu'elles créent de
la valeur. Cet exemple illustre la justesse de la
comparaison avec l'activité pollinisatrice des
abeilles; elle montre aussi la différence majeure
qui existe entre une stratégie de monopole
classique, qui vise à faire le vide autour de soi, et
celle de Google qui cherche à créer de l'intelligence collective et à mettre la puissance collaborative du web simultanément au service
d'autrui et de ses propres intérêts. Une habileté
que l'on pourra certes qualifier de diabolique, si

l'on y tient, mais on comprendra aisément que les tirades des censeurs et les sermons moralisateurs soient impuissants à la combattre ou même à lui trouver une alternative.

Il serait pourtant possible d'en imaginer, et c'est de nouveau Robert Darnton qui l'a récemment suggéré, du moins pour ce qui concerne Google Livres. Il avance l'idée que la Bibliothèque du Congrès de Washington, la plus importante au monde, rachète à Google sa bibliothèque numérique, en indemnisant la firme à la hauteur des investissements consentis. Bien qu'une telle nationalisation ait peu de chances de se réaliser tant elle paraît contraire à la tradition de libre entreprise américaine, la question mérite d'être posée sur un plan théorique. Comme on le voit au projet de «settlement» avec les éditeurs et auteurs anglo-saxons, Google non seulement contribue à créer de nouvelles règles de droit, fût-ce en bousculant celles qui existent, mais encore se voit confier des missions d'intérêt général qui pourraient entrer dans la définition du service public. Que le secteur privé puisse exécuter de telles missions n'a en soi rien de nouveau ni de choquant: la concession de service public constitue depuis le XIXe siècle une formule consacrée, même dans un pays imprégné de culture étatique comme la France. Mais dans ce cas, le cahier des charges est défini par l'autorité publique, ce qui n'est pas une mince

95

différence. Peut-être faut-il rappeler le destin des chemins de fer, purement privés à l'origine, puis nationalisés en monopoles d'État, avant de s'ouvrir à nouveau aux capitaux privés et même à la concurrence, pour souligner que le statut est susceptible de varier dans le temps. Et si Google était menacé de faillite, certaines de ses fonctions, devenues vitales, devraient être reprises par la collectivité, aussi sûrement que les États se sont vus contraints de voler au secours des banques lors de la crise de 2008! Je pense en particulier à la préservation pérenne des fichiers des millions d'ouvrages numérisés... On reproche en effet souvent à Google de ne pas se préoccuper de cet aspect pourtant crucial de la conservation : bien que la firme ait assurément les moyens d'y faire face, cette mission ne semble pas figurer parmi ses priorités. Tant mieux pour les bibliothèques, serais-je tenté de dire, car c'est à elles qu'incombera cette tâche essentielle.

Plusieurs d'entre elles, y compris des partenaires de Google, ont décidé aux États-Unis de créer un entrepôt de données commun : le Hathi Trust. Lorsque tomberont les restrictions d'usage imposées par Google, il sera possible d'envisager une mise en commun mondiale des bases de données, indépendamment de tout aspect commercial, comme cela se fait déjà pour le catalogue des grandes bibliothèques.

La santé insolente de Google ne doit cependant pas nous conduire à raisonner sur une hypothèse aussi irréaliste que la nationalisation dans les circonstances actuelles, pas plus qu'à en conclure que nous n'avons d'autre option que de lui confier intégralement le destin de notre patrimoine. Mais on se tromperait de combat en décrivant Google comme un pur et simple instrument du «marché», mû par la seule obsession du profit : ce serait méconnaître l'originalité profonde du projet de Google et son rôle dans l'avènement de ce «capitalisme cognitif» avec lequel nous devons apprendre à vivre. Ce serait à coup sûr se tromper sur la réponse au défi qu'il nous lance.

Celui-ci est double. Tout d'abord, Google donne une impulsion décisive au mouvement qui, dans l'univers numérique, fait tomber ou déplace un certain nombre de barrières protectrices. La BnF est évidemment au premier rang des institutions concernées, plus encore que d'autres bibliothèques : ses collections patrimoniales n'étaient accessibles qu'à une minorité de chercheurs triés sur le volet et munis d'une carte d'accréditation. Avec sa bibliothèque numérique, elle avait percé dès 1997 une première ouverture dans ses murs mais, on le verra, c'est le projet Google qui l'a conduite à changer de vision. D'une manière générale, ce sont tous les intermédiaires qui sont interpellés : les autorités du savoir, universitaires ou bibliothécaires, les éditeurs, les libraires. À leur égard, Google joue le rôle d'accélérateur parfois brutal d'évolutions inéluctables et qui vont toutes dans le sens de l'instauration d'un accès direct aux contenus.

À l'inverse, et pour exploiter au maximum son propre investissement dans la numérisation, la firme a jusqu'à présent élevé de nouvelles barrières destinées à la protéger de ses concurrents. Les autres moteurs de recherche sont en effet dans l'impossibilité d'indexer le plein texte des livres numérisés par Google pendant des durées qui dépassent de loin l'horizon de toute prévision. Or les évolutions du web donnent à penser que le «dialogue entre les machines» sera essentiel. Si des universités, surtout si elles sont privées, peuvent accepter ce type de clause parce que leur responsabilité est limitée à leur propre public, les institutions telles que la BnF peuvent et doivent se montrer plus exigeantes sur la liberté d'accès. C'est tout l'enjeu de la numérisation du patrimoine et du maintien de la concurrence.

7

Splendeurs et misères d'Europeana

L'annonce faite par Google en 2004 de se lancer dans un programme de numérisation sans précédent est apparue aux yeux de nombreux commentateurs comme le signe d'une ambition prométhéenne. La démesure des chiffres annoncés suscitait un mélange d'étonnement et d'incrédulité. «Fantasme babélien», écrivait ainsi Alberto Manguel, traduisant un sentiment largement répandu. Mon prédécesseur à la tête de la BnF, Jean-Noël Jeanneney, s'est fait le porte-parole d'une opposition déterminée à l'entreprise de Google. Dans un article paru dans *Le Monde* en janvier 2005, puis dans un essai intitulé *Quand Google défie l'Europe*, il proposait une «contre-offensive» européenne.

Les arguments, je l'ai dit, étaient pour certains discutables, bien qu'exposés avec un grand talent de plume. Le plus important à ses yeux, la critique du «vrac», méconnaît la réalité fondamentale de l'univers numérique, dont la couche inférieure est par nature non susceptible d'un ordre préétabli quel qu'il soit. La crainte d'une «hégémonie culturelle anglo-saxonne» – aggravée par le soupçon de distorsion de l'algorithme de recherche PageRank – rendait bien peu justice à l'abondance des ressources européennes que l'on trouvait même dans les premières bibliothèques partenaires. Le rêve chimérique d'un «algorithme européen», censé classer les données dans un ordre plus conforme à nos exigences, conduisait logiquement à la principale conclusion du livre : la création *ex nihilo* d'un moteur de recherche européen, voire de plusieurs. L'invocation des précédents d'Airbus et d'Ariane servait à crédibiliser cet appel au volontarisme européen.

Le climat très dégradé des relations transatlantiques de l'époque, à la suite de la crise irakienne, créait un contexte favorable à la réception d'un tel message, même accompagné comme il se doit des dénégations rituelles de toute pointe d'antiaméricanisme. La lecture de la presse de l'époque est révélatrice à cet égard. «Ce que la guerre en Irak n'est pas parvenue à faire, Google l'a réussi», écrit *Livres Hebdo* (6 mai 2005). *L'Humanité* n'est pas en reste, qui dénonce la tentative d'homogénéisation forcée des cultures sous la houlette des États-Unis. Google est caricaturé au point, à en croire Gérard Dupuy dans *Libération*, que «le seul vrai métier» de la firme serait la publicité, l'invention d'un moteur de recherche et d'un modèle de services en ligne original se trouvant reléguée au domaine des accessoires... Presque partout, l'heure est aux proclamations martiales, à la « contre-attaque » face à l' « offensive » de l'ogre anglo-saxon. Les arguments qui font mouche dans les médias sont souvent les moins solides. Google ferait courir le risque de voir l'histoire du monde « réfractée au seul miroir américain » ; aussi l'Europe doit-elle se donner les moyens « de choisir ce qu'elle va numériser, puis mettre en ligne selon des critères français et européens », au demeurant jamais précisés, dit Jean-Noël Jeanneney dans *L'Humanité*, le 1ᵉʳ mars 2005. Tout en ajoutant : « Cela ne serait pas un drame d'aller vers Google si nous conservons la capacité d'organiser la numérisation en fonction de nos propres choix », idée apparemment oubliée dans l'intervalle, bien qu'elle figure également à la fin de son essai. Tant il est vrai que dans un débat aussi connoté, la pente naturelle porte aux schémas d'opposition frontale, au raidissement plutôt qu'à la nuance.

En France, rares sont ceux qui, dans ce sympathique concert de patriotisme européen, osent de timides mises en garde : Emmanuel de Roux, dans *Le Monde* du 28 avril 2005, s'interroge sur la capacité de l'Europe, avec ses pesanteurs de toute nature, à monter autre chose qu'une «usine à gaz» face à la firme californienne. Pierre Buhler, dans *L'Express* du 13 juin, exprime la même crainte et redoute qu'à force de présenter la question comme un défi, «on risque de le perdre».

En Europe, l'appel à numériser le patrimoine culturel rencontre un écho indiscutable: dix-neuf bibliothèques nationales du vieux continent y souscrivent. Pour la plupart démunies de moyens financiers et incapables d'entreprendre une politique de numérisation digne de ce nom, elles ne pouvaient qu'applaudir à l'espoir d'un budget européen significatif. La lecture de la presse de nos voisins montre une réelle prise de conscience de l'importance des enjeux, même si elle ne manque pas d'ironiser comme à l'accoutumée sur l'arrogance du coq gaulois.

Restait à convaincre les autorités politiques. Nous sommes en mars 2005, à quelques semaines d'un référendum sur la Constitution européenne à l'issue plus qu'incertaine. Le président de la République Jacques Chirac est à la recherche d'initiatives ambitieuses pour ranimer une flamme vacillante. L'idée de numériser le patrimoine culturel européen tombe à pic. Avec cinq chefs de gouvernement de l'Union, il s'empare de l'affaire et le mois suivant adresse une lettre au président de la Commission européenne pour lui demander de mettre à l'étude le projet.

Pour crédibiliser la démarche européenne, la

BnF met au point un prototype de la future bibliothèque numérique, baptisé Europeana. Curieusement, ce vocable est un néologisme hybride – accolant une terminaison latine à un terme anglais (*European*)[1], mais on n'aura pas le mauvais esprit d'y voir un signe involontaire de l'hégémonie culturelle anglo-saxonne! Ce prototype, donnant accès à quelque douze mille œuvres fournies par la BnF, associée pour l'occasion aux bibliothèques nationales du Portugal et de Hongrie, sera mis en ligne lors du Salon du livre, le 22 mars 2007. Sa réalisation en un délai aussi court représente un véritable tour de force à mettre au crédit d'une mobilisation de l'institution. Mais ce prototype n'a valeur que de démonstration. Son objectif premier est de convaincre le grand public comme les responsables de la validité du concept. Il restera donc figé à ce stade avant d'être purement et simplement retiré au profit du véritable site européen.

Parallèlement en effet, stimulée par la lettre de Jacques Chirac et de ses collègues, la Commission ne reste pas inactive. Elle lance en septembre 2005 l'initiative i2010 – bibliothèques numériques, l'un des projets phares de «l'initiative pour la société de l'information et des

---

1. En latin classique, il faudrait dire *Europea*, neutre pluriel d'*Europaeus*. À la rigueur, on pourrait dire *Europaensia*, en bas latin...

médias». Des programmes de recherche-développement se voient allouer des budgets d'un
montant significatif. L'un des objectifs est d'ap-
puyer le programme QUAERO, essentiellement
franco-allemand, dont l'ambition annoncée est
la mise au point d'un moteur de recherche censé
faire contrepoids à celui de Google. Très vite
cependant le principal partenaire allemand,
Deutsche Telekom, se retire et les objectifs du
programme, beaucoup plus modestes, n'ont plus
grand-chose à voir avec les proclamations initiales.
D'autres programmes ont pour but d'amplifier
les efforts déjà accomplis par les bibliothèques
nationales européennes qui avaient lancé en
2005 une plate-forme commune, TEL (The
European Library), pour donner accès à distance
aux catalogues de trente-quatre institutions, dont
la BnF[1].

Toutefois, la Commission, sous l'impulsion de
Viviane Reding, adopte une visée extrêmement
large qui modifie la nature même du projet : le
but de la future bibliothèque numérique européenne n'est plus en effet limité au domaine du
livre mais s'étend à la totalité du patrimoine
culturel européen numérisé, qu'il provienne des
bibliothèques, des musées, des archives ou de

---

1. TEL continue d'exister et réfléchit à la manière de se
positionner en complément d'Europeana: plus tournée
vers les chercheurs que vers le grand public.

l'audiovisuel. Un pari aussi ambitieux a pour conséquence inévitable de diluer les objectifs et de compliquer grandement la coordination entre les programmes nationaux. Une structure juridique et administrative va donc se mettre en place, afin de rassembler un ensemble aussi disparate. Elle est créée le 8 novembre 2007 sous la forme d'une fondation de droit néerlandais, hébergée par la Bibliothèque royale des Pays-Bas. Sa première présidente est Elisabeth Niggemann, remarquable directrice générale de la Bibliothèque nationale d'Allemagne. Après quelques réticences – tout le monde n'ayant pas apprécié que l'appel à créer une bibliothèque numérique européenne ait fait trop peu de cas du projet TEL –, le nom d'Europeana proposé par la BnF lors du lancement de son propre prototype est finalement accepté par tous. La nouvelle organisation, forte d'une équipe technique compétente, comprenant en particulier l'ancienne responsable du projet à la BnF, va concentrer ses efforts sur la réalisation d'un nouveau prototype insistant sur la diversité linguistique au sein de l'Union.

L'ouverture du site, le 20 novembre 2008, en présence de José Manuel Barroso, de Mme Reding et de Christine Albanel, au titre de la présidence française de l'Union, donne lieu à l'incident redouté : le nombre de connexions en provenance du grand public dépasse les capacités du serveur d'Europeana, qui restera indisponible jusqu'à la fin de l'année. Les succès médiatiques sont parfois à double tranchant...

Europeana, à la différence de Gallica, est avant tout un portail qui donne accès aux ressources numériques des nombreuses institutions partenaires mais il n'est pas en mesure d'héberger les fichiers, ce qui nécessiterait une très lourde infrastructure. Le contenu accessible par son intermédiaire est élevé, deux millions à l'ouverture du prototype, près de cinq millions à la fin de 2009 avec un objectif d'une dizaine de millions à brève échéance, mais ce chiffre recouvre des réalités très différentes : un livre de plusieurs centaines de pages ne compte pas plus qu'une photographie isolée. De fait, à la tristesse des amis du livre, le texte imprimé est le parent pauvre d'Europeana malgré la contribution de la BnF qui est écrasante dans ce domaine, comme elle l'est pour l'Institut national de l'audiovisuel dans le cas des archives audiovisuelles.

Outre ce problème de déséquilibre entre les domaines, Europeana souffre de la disproportion existant entre les pays d'origine : la part des documents fournis par les institutions françaises représente à elle seule près de la moitié du total. Viviane Reding a en de nombreuses occasions souligné la faiblesse des efforts nationaux de la majorité de nos partenaires dans ce domaine. L'intention annoncée du président de la

République Nicolas Sarkozy de consacrer à la numérisation du patrimoine une part du grand emprunt national levé en 2010 risque d'aggraver encore ce déséquilibre.

Cette situation s'explique en partie par le choix de la Commission européenne de réserver ses financements aux seuls projets destinés à doter Europeana des fonctionnalités souhaitables et à développer l'interopérabilité d'un pays à l'autre. De tels programmes de recherche-développement sont essentiels au succès à long terme de l'entreprise. L'aide de la Commission à la réalisation d'outils multilingues en particulier sera décisive et doit être saluée. En revanche, elle a exclu de financer la numérisation proprement dite, n'assouplissant cette règle dans un deuxième temps que pour des programmes exceptionnels et multinationaux, tels qu'Europeana Regia, corpus de manuscrits royaux du Moyen Âge aujourd'hui dispersés. Elle considère en effet que la numérisation du patrimoine est du ressort des États et qu'elle ne peut jouer à cet égard qu'un rôle subsidiaire, par exemple en encourageant les initiatives impliquant plusieurs membres de l'Union. L'exemple français ne peut que la conforter dans sa position.

Le tableau est donc très contrasté d'un pays à l'autre. Un premier recensement a été effectué dans le cadre de la Conférence européenne des bibliothèques nationales en 2008. Trois pays sortaient du lot: la France, la Norvège et le Royaume-Uni, mais ce dernier comptait sur un partenariat privé qui n'est pas allé à son terme. L'Espagne et l'Allemagne commencent à leur emboîter le pas. En 2010, la France est de loin le pays le plus engagé dans Europeana, deux institutions, la BnF et l'Institut national de l'audiovisuel, constituant, comme je l'ai dit, des contributeurs majeurs, avec quelques grands musées qui ont numérisé une partie notable de leurs collections.

La Commission européenne a lancé à l'automne 2009 une enquête sur le devenir du portail. Les chiffres de fréquentation sont mal connus, mais au-delà du succès de curiosité initial, on pressent une certaine déception. Signe indiscutable: en dépit de l'importance de la contribution de la BnF, les connexions à Gallica provenant d'Europeana ont chuté fin 2009 à un niveau historiquement bas, de l'ordre de trois mille par mois, trente fois moins qu'à partir de Google.

Comment expliquer cette tendance à la désaffection, alors que la quantité de données accessibles ne cesse d'augmenter? Le premier point faible du projet européen tient à la qualité très inégale des «métadonnées» attachées à des documents de nature hétéroclite et rédigées de surcroît dans des langues différentes. La puissance du moteur de recherche Europeana n'est pas en cause, c'est parfois la matière fournie par les institutions elles-mêmes qui laisse à désirer, mais aussi la difficulté des développements à réaliser pour faire dialoguer les métadonnées entre elles. Aussi les réponses aux requêtes donnent-elles un sentiment de désordre infiniment plus grave que Google... Un tel défaut pourra être corrigé mais sur le long terme : les détenteurs des documents originaux devront accomplir un effort d'amélioration important et la Commission européenne devra continuer de financer d'ambitieux programmes de recherche et développement.

Un second point faible est qu'Europeana agrège des politiques de numérisation très hétérogènes, lorsque celles-ci existent. On est loin de l'organisation scientifique des contenus dont rêvaient certains. Europeana est aujourd'hui le triomphe du vrac tant vilipendé, il suffit de consulter le site pour s'en convaincre – mais ce constat n'est en rien une condamnation du projet, seulement une invitation à s'interroger sur ses atouts et ses faiblesses. Sans tomber dans la chimère d'un ordre préétabli, il serait bon d'harmoniser les priorités de manière à constituer de véritables ensembles européens. L'instauration d'un conseil d'orientation scientifique au sein d'Europeana serait un pas dans le bon sens et j'ai fait cette proposition à la Commission européenne, mais une telle instance ne brassera que des mots si les différents États ne mettent pas en place une véritable politique de numérisation à l'instar de ce qui se fait en France.

Que conclure de ce panorama ?

Tout d'abord, une fois ôtées les œillères, la réalité saute aux yeux : la bibliothèque numérique européenne – considérée sous l'angle du livre – a bel et bien pris forme, certes, mais chez Google. Vous ne trouverez pas Goethe en allemand sur Europeana – du moins pas à la date où j'écris ce livre. Vous aurez accès seulement à sa traduction française ou magyare... En revanche, ainsi que me le faisait observer un jour Viviane Reding, le texte original est depuis longtemps accessible sur Google Livres. Alors que les finances publiques sont en état de crise partout en Europe et que la formule du grand emprunt national a toutes chances de rester une singularité française, il est encore plus irréaliste d'espérer dans le « sursaut collectif » attendu il y a cinq ans – à moins de confondre la politique et l'incantation, tentation au demeurant fort répandue dans notre pays sous l'invocation rituelle du général de Gaulle. Car dans l'intervalle, compte tenu de l'avance prise par Google dans la numérisation des œuvres du domaine public relevant des principales cultures nationales européennes, nos voisins paraissent moins enclins que jamais à injecter massivement de l'argent public.

De tous côtés, la pression monte donc en faveur de partenariats avec le secteur privé pour la numérisation du patrimoine écrit. La Commission européenne n'y a jamais été hostile. Un exemple de ce type de partenariat avait été conclu entre la British Library et Microsoft, à l'époque où la firme américaine entendait offrir l'accès *via* MSN aux grandes œuvres de la littérature. L'accord prévoyait de numériser environ 100 000 ouvrages mais il y a été mis fin par Microsoft en 2008 – le projet global ne pouvant plus soutenir la comparaison avec Google.

Bien que l'opinion n'en ait rien su, un partenariat similaire avait été envisagé entre Steve Ballmer, PDG de Microsoft, et Jean-Noël Jeanneney. La firme américaine acceptait même d'attribuer une partie de son apport financier à des bibliothèques nationales européennes qui avaient soutenu le projet Europeana. Les partenaires concernés – Portugal, Hongrie, Pays-Bas – manifestèrent leur intérêt mais ne furent pas associés à la négociation qui s'est prolongée tout au long de 2006. Au dernier moment, la BnF, qui s'était efforcée de limiter à cinq ans la période d'exclusivité au profit de Microsoft vis-à-vis des autres moteurs pour l'accès aux fichiers numérisés, récusa le principe d'une telle contrepartie, quelle qu'en fût la durée. Cette exigence changeait la nature du partenariat négocié depuis près d'un an, pour en faire un pur mécénat. Si la préoccupation de maintenir l'accès le plus large possible était naturelle de la part d'une institution publique, le refus absolu d'accorder au partenaire privé la moindre chance d'obtenir un retour sur investissement paraît plus étonnant sur le plan des principes. En effet, l'octroi d'une exclusivité limitée dans le temps n'est pas rare dans certaines activités culturelles, par exemple le cinéma, où Canal+, en contrepartie de son apport financier à la production de films, bénéficie justement d'un tel avantage pour leur diffusion. Personne ne trouve rien à redire à cette formule équilibrée qui joue un rôle essentiel dans le maintien de la création cinématographique nationale, dès lors, bien sûr, que la contrepartie demeure dans des limites raisonnables. Il est probable aussi qu'un pacte conclu avec Microsoft, géant américain dont la stratégie monopolistique est avérée, aurait paru peu cohérent avec l'argumentation développée contre Google et l'hégémonie anglo-saxonne.

Une exclusivité de cinq ou même de sept ans n'aurait certainement pas été contestée par les partenaires européens, notamment par ceux qui, comme la Hongrie, ne pouvaient espérer aucune subvention de leur gouvernement. Une telle formule eût constitué un précédent très favorable pour toutes les institutions désireuses d'engager des négociations avec des partenaires privés et qui ont dû, à l'instar de Lyon, concéder jusqu'à vingt-cinq ans ! Ainsi se trouvait perdue une belle occasion de faire progresser la numérisation avec des fonds américains dans un esprit de véritable solidarité européenne. J'ai renoué le contact avec Microsoft au mois de janvier 2008. En dépit de débuts prometteurs, la discussion ne pouvait déboucher sur aucun résultat concret, Microsoft s'étant résigné peu après à jeter l'éponge face à Google.

Chacun s'efforce donc, dans un contexte défavorable, de trouver des palliatifs à la faiblesse structurelle de l'effort public. La Bibliothèque nationale d'Espagne a trouvé dans Telefonica un soutien non négligeable, à hauteur de 10 millions d'euros sur trois ans. D'intéressants outils de mise en valeur des ressources numériques sont également le fruit de cette coopération : ainsi en est-il de logiciels permettant de déchiffrer de somptueux manuscrits liturgiques du Moyen Âge et d'entendre simultanément le chant grégorien. Au Danemark, un accord a été trouvé avec un partenaire américain, ProQuest, pour numériser la totalité de la partie la plus ancienne des collections – avant 1700 –, moyennant une clause d'exclusivité drastique limitant l'accès gratuit au seul territoire national pendant dix ans. Des pourparlers sont en cours avec d'autres pays européens. Le Royaume-Uni a réussi à intéresser un nouveau partenaire à la numérisation, en se portant cette fois sur la presse quotidienne – quelque 25 millions de pages de la partie la plus fragile des collections, le papier journal étant de très mauvaise qualité depuis la deuxième moitié du XIXe siècle. Dans ce cas, le partenaire aurait l'exclusivité de l'accès à distance pendant dix ans, l'utilisateur devant s'acquitter d'une redevance dont une partie ira à la bibliothèque pour la partie la plus ancienne, une autre aux ayants droit pour la presse encore protégée par le copyright. Ce n'est qu'à l'intérieur de la British Library que l'accès serait gratuit pendant cette période – comme il l'est pour les collections originales. Quant à l'Italie, on l'a vu, elle s'est engagée dans la recherche d'un accord très ambitieux avec Google pour la numérisation du patrimoine de ses bibliothèques.

Est-ce à dire qu'il n'y a plus d'action collective européenne à entreprendre? Il n'en est rien si l'Europe sait se présenter unie dans ses exigences. Avec ma collègue britannique, lors de la conférence des bibliothèques nationales européennes qui s'est tenue à Madrid en septembre 2009, j'ai avancé l'idée d'une charte commune des principes d'intérêt général qui devraient présider à tout partenariat avec des entreprises privées. Le ministre de la Culture et de la Communication, Frédéric Mitterrand, lors de la réunion de ses collègues européens du 27 novembre 2009, a fait adopter l'idée d'une politique commune et d'un groupe de réflexion sur le sujet. Le Premier ministre a confié à Christine Albanel une mission qui couvre également cet aspect. Un tel énoncé des droits et obligations de chacun permettrait en outre de remédier à l'opacité des accords conclus dans le passé par Google. Si la confidentialité n'est pas choquante pour les universités américaines, qui sont souvent des entités privées, elle serait impossible à admettre pour des institutions telles que les bibliothèques nationales.

Une des garanties qu'il serait nécessaire d'inclure dans tout accord concerne bien sûr le lien avec Europeana – et au minimum, pour ceux qui ne pourraient faire autrement, l'accès aux références des œuvres. Quant aux périodes d'exclusivité ou d'accès préférentiel consentis aux partenaires éventuels, il serait souhaitable qu'elles ne dépassent pas le temps qui serait nécessaire pour numériser les œuvres en question si le seul mode de financement était public, c'est-à-dire au grand maximum une dizaine d'années.

En vérité, une telle démarche collective aurait pu être tentée dès 2005, lorsque l'entreprise de Google n'en était encore qu'à ses tout débuts. Compte tenu de la multiplication désordonnée des accords qui se profile, mieux vaut tard que jamais. Car, on l'aura compris, la temporalité d'Europeana n'est pas celle de Google – ne serait-ce qu'en raison des périodes d'exclusivité déjà consentis à des partenaires privés par le Danemark ou la Grande-Bretagne qui empêchent un plein raccord à la bibliothèque numérique européenne avant une décennie. Même en l'absence de telles restrictions, l'horizon d'Europeana ne peut être que le long terme en raison du nécessaire effort d'homogénéisation des données et de la lenteur avec laquelle le patrimoine écrit est numérisé dans la plupart des pays. C'est pourquoi on ne doit pas penser le projet européen comme une « riposte » à Google : on aurait pu s'en douter dès 2005, c'est aujourd'hui une certitude. Europeana est sans conteste le projet culturel le plus ambitieux de l'Union. Il lui faudra du temps et de la détermination pour s'épanouir. L'engagement de la France ne sera pas son moindre atout.

8

Une stratégie globale pour la France :
le volet patrimonial

Gallica, la bibliothèque numérique de la BnF, est née en 1997, ce qui la place historiquement parmi les toutes premières. Dix ans plus tard, Gallica ne comptait pas encore cent mille ouvrages – ce qui était loin d'être négligeable –, tous numérisés uniquement en « mode image ». Les autres domaines couverts par les collections de la BnF, estampes, photographies, cartes, documents audiovisuels, manuscrits, n'étaient présents que de manière marginale. Quant à la presse quotidienne, elle commençait tout juste à apparaître sur Gallica, à partir de quelques très grands titres tels que *Le Temps* ou *Le Figaro*. Des « dossiers » complétaient le dispositif. Certains proposaient des coups de sonde thématiques dans les collections, tels que le Voyage en Italie, ou encore une anthologie de textes fondamentaux, « Gallica classique ». D'autres avaient été constitués dans le cadre de partenariats internationaux : par exemple, « La France en Amérique »,

117

créé avec la Bibliothèque du Congrès de Washington, ou «Voltaire en Russie», élaboré avec la bibliothèque d'État de Saint-Pétersbourg, qui conserve une collection remarquable de manuscrits du célèbre écrivain. Ces dossiers illustrent à la fois la plus-value que peuvent apporter les bibliothécaires par rapport à ce que j'appellerais l'«accumulation primordiale», mais aussi la difficulté de maintenir en vie ces compléments, qui nécessitent une actualisation et un enrichissement continus.

L'annonce des projets de Google obligeait la BnF à repenser la politique suivie jusqu'alors. Comment en effet «relever le défi» lancé par la firme américaine si l'on se contentait de numériser en mode image en tout et pour tout cinq à six mille ouvrages par an?

La France a mis alors en place un dispositif sans équivalent en Europe, destiné à augmenter les moyens financiers en faveur de la numérisation du patrimoine ainsi qu'à établir une relation étroite avec le monde de l'édition. Si l'on voulait en effet que Gallica ait un lien avec la production plus récente, donc protégée par le droit d'auteur, il paraissait indispensable d'associer les éditeurs à participer à l'entreprise. La ressource financière provenait de l'extension d'une taxe sur les appareils de reproduction au profit du

Centre national du livre[1]. Au sein de ce dernier était instaurée une commission de politique numérique, associant l'Etat, la BnF et les éditeurs[2].

Dans un premier temps, les subventions ont servi exclusivement à soutenir les programmes patrimoniaux de la BnF : la mise au point du prototype Europeana en premier lieu, puis, en septembre 2007, le premier marché de numérisation de masse des imprimés – 38 millions de pages en trois ans. L'appel d'offres a été remporté par un consortium français, conduit par l'entreprise SAFIG[3]. La mise en place des procédures destinées à alimenter la chaîne de numérisation et à établir un contrôle de qualité exigeant ne s'est pas faite sans tâtonnements. Ni la BnF, ni le pres-

1. Le Centre national du livre (CNL) est un établissement public placé sous la tutelle du ministère de la Culture. Il a pour mission d'encourager la création et la diffusion à travers divers dispositifs de soutien aux acteurs de la chaîne du livre.

2. Cette commission, présidée par Serge Eyrolles, président du Syndicat national de l'édition, donne un avis sur les dossiers qui lui sont soumis, la décision finale incombant au président du CNL, directeur du Livre et de la Lecture, à l'époque Benoît Yvert, instigateur également du label pour les libraires et du plan Livre 2010 dont beaucoup de recommandations demeurent d'actualité.

3. SAFIG va sans doute être repris par une autre entreprise française, contribuant ainsi à constituer un pôle français plus important dans ce domaine prometteur. Un pôle se constitue également en Aquitaine, Polinum.

tataire n'avaient l'expérience d'un tel changement d'échelle, et le rodage a pris quelques mois
de plus que prévu. Le marché tourne aujourd'hui
à plein régime et, compte tenu du retard pris au
départ, s'achèvera à la fin de l'été 2010. Au
31 décembre 2009, Gallica pouvait ainsi offrir
900 000 documents numérisés appartenant au
domaine public – 145 000 livres, dont les deux
tiers en mode texte, et 650 000 fascicules de
revues ou de journaux, dont plus de 280 000 en
mode texte, et 100 000 documents divers.

Cette politique ambitieuse, centrée sur le livre
et les revues, allait devoir cependant surmonter
plusieurs difficultés. Ainsi a-t-il fallu dans les premiers temps alimenter le processus de masse en
privilégiant le recours aux microfilms, plus faciles à numériser que les documents originaux. Ce
parti n'a pas été sans incidence sur la qualité de
certaines images et par contrecoup sur celle du
mode texte qui en découle. Fort heureusement,
la proportion s'est aujourd'hui inversée.

Plus sérieuse était l'impasse budgétaire qui se
profilait à un double niveau. Tout d'abord, le
Centre national du livre, conformément à sa
vocation, ne peut aider qu'à la numérisation des
livres et des revues. Ainsi se trouvait écarté un
domaine aussi essentiel que la presse, alors que
sa conservation soulève des problèmes parfois
dramatiques, surtout pour la période de l'« âge
d'or » 1870-1939, qui souffre hélas de la qualité

déplorable du papier et de l'encre. Grâce à une subvention du Sénat destinée à la presse régionale, la BnF a pu numériser plus de 2 millions de pages, mais ce n'est qu'une infime proportion de ce qui serait nécessaire.

De la même manière, les collections rares et précieuses telles que les manuscrits, les estampes, la photographie ou les cartes – quelque 20 millions de documents – n'étaient pas davantage éligibles à l'aide du Centre national du livre. Or il s'agit d'ensembles souvent uniques au monde qui devraient bénéficier eux aussi d'une priorité parce qu'ils fondent en grande partie la singularité de la BnF. Pour les numériser, l'institution ne pouvait donc compter que sur ses ressources propres, le cas échéant complétées par des concours extérieurs provenant de fondations privées, américaines[1] ou françaises[2]. Aussi ai-je décidé de lancer en 2008 un plan de numérisation méthodique de ces collections, fondé, rigueur budgétaire oblige, sur une hiérarchie claire des priorités.

De plus, le rendement de la taxe affectée au Centre national du livre s'est rapidement situé au-dessous des espérances initiales. Comme les demandes de subvention soumises par les édi-

---

1. Mellon et Getty, pour la numérisation de certains manuscrits médiévaux ou chinois.
2. Total, pour une riche sélection de manuscrits islamiques.

teurs ont commencé à se multiplier à partir de 2008, le télescopage avec les besoins de la BnF apparaissait inévitable à moyen terme sans mesure correctrice. Le président de la République, lors du discours prononcé devant le monde de la culture à Nîmes le 13 janvier 2009, annonçait donc sa volonté d'accroître sensiblement les ressources consacrées à la numérisation.

Au moment même où le président Sarkozy s'engageait à remédier à cette insuffisance de moyens financiers, la BnF se trouvait engagée dans une discussion de fond avec l'État sur ses grands objectifs. Commandité par la rue de Valois et Bercy, un audit de l'inspection générale des Finances, associée pour l'occasion à celle des Affaires culturelles, a donné lieu à un échange approfondi sur la numérisation. La question d'un partenariat avec Google y a bien sûr été abordée, les auditeurs préconisant de recourir à la firme californienne pour la numérisation de masse des imprimés – l'activité en quelque sorte la plus « industrielle » – et d'allouer les fonds publics en priorité aux documents rares et précieux qui requièrent des modalités de numérisation très différentes, de nature plus « artisanale ». Je ne pouvais bien sûr qu'applaudir à la perspective d'un effort accru en faveur des collections rares et précieuses, qui correspondait à mes propres orientations. En ce qui concerne Google, je ne pouvais en revanche que me montrer réticent à l'idée de lui sous-traiter intégralement la numérisation de masse des imprimés. Il me semblait, et il me semble encore aujourd'hui, que la firme californienne était susceptible d'apporter un complément utile à l'effort public mais non de s'y substituer. Je proposai donc d'explorer dans un premier temps le périmètre d'un partenariat éventuel avec Google, sans préjuger bien sûr du résultat final, comme cela avait été le cas avec Microsoft. Avec l'accord de Christine Albanel, j'ouvris la discussion au mois d'avril, à l'occasion d'une conférence prévue de longue date à Stanford. Même si la discrétion était de mise à ce stade, j'indiquai clairement au quotidien *Les Échos* la perspective d'un dialogue avec Google, dans lequel la BnF ne transigerait ni sur la question du droit d'auteur ni sur la maîtrise de ses fichiers numériques, en particulier la liberté d'accès à travers Gallica et Europeana. Soucieux de ne pas prendre les éditeurs de court alors qu'ils s'interrogeaient sur l'attitude à adopter face au projet de compromis négocié par leurs homologues américains, j'informai également Serge Eyrolles de ces contacts et de leur finalité.

Les échanges qui se sont déroulés en mai et juin ont eu pour but de circonscrire l'objet de discussions futures. D'emblée Google a déclaré son intention de faire apport à Gallica de tous les ouvrages du domaine public français déjà numérisés par ses soins – quelque 200 000 titres au minimum – une proposition qui, on le verra, pourrait avoir un bel avenir. Ont en outre été identifiés deux ensembles bien délimités dans le domaine des imprimés et de la presse du XIXᵉ siècle susceptibles d'être numérisés[1]. J'avais indiqué à nos interlocuteurs qu'en ce qui concerne les contreparties obtenues des autres bibliothèques, elles ne seraient pas acceptables telles quelles par la BnF. J'ai naturellement rendu compte de ces échanges à Frédéric Mitterrand, fraîchement nommé à la tête du ministère de la Culture, mais la polémique qui a éclaté au mois d'août a mis fin à ces contacts préliminaires à un stade précoce, avant que ne soient abordées les questions délicates. Un article paru dans *La Tribune* du 18 août, pouvant laisser croire à l'imminence d'un accord, a fait l'effet d'une bombe dans le creux médiatique de l'été et déclenché une véhémente contre-attaque. Afin de préserver les chances d'un débat serein, comme le souhaitait Frédéric Mitterrand, il a été décidé de publier un communiqué laconique le 28 août 2009. Quelques semaines plus tard, dans le cadre d'un colloque organisé par Nathalie Kosciusko-Morizet auquel participait Frédéric Mitterrand, le Premier ministre, François Fillon, a justifié la tenue des échanges avec Google, sans préjuger

---

1. Il s'agissait principalement d'une collection de « doubles », non communiqués en salles de lecture.

pour autant de leur issue. L'heure était venue d'une discussion objective. Le ministre de la Culture a désigné dans un premier temps l'éditeur Claude Durand, puis, celui-ci s'étant désisté, Marc Tessier, afin de présider une commission resserrée de cinq membres chargée de recueillir tous les points de vue et de faire des recommandations au gouvernement sur la numérisation du patrimoine des bibliothèques.

Parallèlement, la question des moyens budgétaires prenait un tour nouveau avec la décision du président Sarkozy de lancer un grand emprunt national pour financer des investissements d'avenir. Dès le mois de juillet 2009, je soulignais auprès d'Alain Juppé l'intérêt d'inclure la numérisation du patrimoine dans ce grand dessein. Au même moment, je présentais au nouveau ministre de la Culture une stratégie de numérisation à l'échelle nationale tenant compte de cette perspective. L'éventualité d'un partenariat avec Google y apparaissait comme un moyen de démultiplier l'impact d'un effort public par hypothèse largement accru. Je détaillais ensuite cette stratégie autour de quatre axes prioritaires : un vaste programme national de numérisation des livres, associant à parts égales la BnF et les autres institutions françaises ; un chantier massif de sauvegarde de la presse du XIXe siècle ; le sauvetage des collections sonores et audiovisuelles de la BnF, elles aussi menacées

de dégradation irréversible ; enfin un changement d'échelle dans la numérisation des documents rares ou précieux. Seul le premier de ces
axes pouvait donner lieu à une coopération avec
Google ; les trois autres appelaient un important
effort public de recherche d'autres partenaires[1].
Je préconisais enfin d'affecter les subventions du
Centre national du livre à la numérisation des
seules œuvres protégées, orphelines ou épuisées,
dans le cadre d'un ambitieux programme mis en
œuvre avec les éditeurs.

Le ministre de la Culture n'a pas ménagé ses
efforts pour convaincre le chef de l'État qui, le
14 décembre 2009, a fait connaître son intention
de réserver une enveloppe de 750 millions
d'euros à la numérisation de notre patrimoine
culturel, dans le cadre d'«un grand partenariat
public-privé». Dans l'esprit de l'emprunt en
effet, les sommes déboursées par l'État doivent
avoir un effet de levier significatif et permettre
de mobiliser également le secteur privé, voire de
rembourser en tout ou en partie les montants
empruntés. Quoi qu'il en soit des modalités d'at-
tribution et de gestion de ces fonds, l'effort de
numérisation du patrimoine va passer à la vitesse
supérieure pendant les quatre à cinq ans à venir
– nous laissant ainsi le temps de réfléchir à la

---

1. Dans le domaine de la presse et des images en particulier.

manière de poursuivre sur cette lancée une fois que l'effet du grand emprunt, par définition temporaire, se sera dissipé. La BnF sera ainsi, aux côtés du Centre national du cinéma, de l'Institut national de l'audiovisuel et de la Réunion des musées nationaux, l'un des grands opérateurs du ministère de la Culture, chargé en outre d'une mission nationale : plusieurs des programmes envisagés supposent en effet une étroite collaboration entre la BnF et des partenaires répartis sur tout le territoire. Au long de l'année 2009, j'ai présidé à l'élaboration d'un « schéma numérique national des bibliothèques », associant les institutions dépendant aussi bien de l'État que des universités ou des grandes villes[1]. Si la Bibliothèque nationale est de loin la plus riche de toutes, il existe des fonds remarquables et parfois plus complets au sein d'autres institutions, dans des domaines aussi variés que l'histoire de l'art, le droit, la médecine ou les sciences religieuses. Je viens ainsi de signer avec le président de l'Assemblée nationale, Bernard Accoyer, une convention de partenariat entre la BnF et la bibliothèque du Palais-Bourbon, qui possède une collection incomparable pour les débats parlementaires. Le grand emprunt devrait

---

1. Ce plan couvre tous les aspects d'une politique numérique : depuis le recensement des fonds à numériser jusqu'à la conservation des données, en passant par les abonnements aux publications électroniques.

permettre de financer la numérisation de 500 000 livres, provenant à parts égales de la BnF et de ses partenaires. Des coopérations sont également à prévoir dans des domaines plus patrimoniaux, tels que la numérisation des manuscrits médiévaux – les bibliothèques municipales en conservent souvent d'extraordinaires – et les incunables.

Le partenariat avec le privé que le chef de l'État appelle de ses vœux devra bien entendu obéir à des principes rigoureux. Il n'est pas question en effet que nous perdions la maîtrise de notre patrimoine au profit de qui que ce soit, ni que le lien entre Gallica et Europeana soit le moins du monde affecté. D'où l'importance qui s'attache aux préconisations de la commission présidée avec talent par Marc Tessier. Avant même le grand emprunt, l'ampleur de l'effort public était en France très supérieur à celui de nos voisins et permettait d'envisager des partenariats à des conditions différentes de celles qu'ont dû accepter des institutions dépourvues de moyens propres – comme c'était le cas par exemple pour la bibliothèque de Lyon. Si les orientations évoquées au niveau des bibliothèques nationales européennes constituent en quelque sorte un plancher, la position privilégiée de notre pays crée les conditions d'un partenariat «d'égal à égal», notamment avec Google. Compte tenu de l'abondance des moyens dont disposera la BnF pendant quatre ou cinq ans, la commission Tessier estime que c'est à la bibliothèque d'assumer le coût de la numérisation. Élargissant l'une des pistes évoquées au printemps 2009, la commission propose donc un partenariat fondé sur l'échange de fichiers « un pour un » entre la BnF et Google et suggère même la création d'une plate-forme conjointe de numérisation. Si Google accepte cette offre, il s'agirait d'un accord très ambitieux dans sa visée qui ferait de Gallica le site incontournable de la francophonie et assurerait à celle-ci une place de choix sur le moteur de recherche le plus utilisé au monde[1]. Il aurait l'avantage d'échapper aux critiques adressées aux contrats conclus avec d'autres bibliothèques puisqu'il n'y serait plus question d'exclusivité.

Cette stratégie ambitieuse ne réussira peut-être pas à faire taire les idéologues, du moins apaisera-t-elle les craintes de ceux qui, de bonne foi, redoutaient une dépossession de notre pays.

Il reste qu'un partenariat avec Google ne peut faire abstraction du problème que la firme a rencontré avec les éditeurs : d'où la nécessité d'inclure dans une stratégie globale la question des œuvres protégées et d'associer les éditeurs à ce grand dessein.

_____

1. Il permettrait d'enrichir la matière que nous mettons à la disposition du réseau que la BnF a constitué avec ses principaux partenaires francophones, notamment le Québec, qui y joue un rôle majeur.

9

Une stratégie globale pour la France : les œuvres protégées

La numérisation des œuvres du domaine public pose, on l'a vu, de sérieux problèmes d'organisation et de moyens techniques ou financiers, mais elle ne soulève aucune difficulté d'ordre juridique. Il n'en va pas de même pour les œuvres couvertes par le droit d'auteur – d'autant que la durée de protection s'établit désormais à soixante-dix ans après le décès de l'auteur. Une numérisation est possible légalement à des fins de sauvegarde, mais la BnF n'aurait pas le droit de donner accès à distance aux ouvrages ainsi numérisés. Or, une bibliothèque numérique qui ne comporterait aucun titre postérieur au début du siècle dernier ne souffrirait-elle pas d'un manque rédhibitoire? Dès 2006, le ministère de la Culture, la BnF et le Syndicat national de l'édition s'accordaient pour étudier la possibilité de compléter l'offre patrimoniale en donnant accès aux œuvres protégées à travers Gallica, en contrepartie d'une aide du

Centre national du livre à la numérisation des fonds des éditeurs. Une étude fut alors commandée à la fin 2006 à un consultant indépendant, Denis Zwirn, fondateur de la société Numilog, rachetée depuis lors par le groupe Hachette. Le rapport recommandait d'expérimenter la formule suivante : une fois établis les normes et standards à respecter, Gallica donnerait accès aux références de l'ouvrage. Si le lecteur était désireux d'aller plus loin, il serait dirigé sur la plate-forme de distribution numérique choisie par l'éditeur. Il aurait alors la possibilité de feuilleter gratuitement quelques pages du titre choisi. L'accès au texte intégral et son téléchargement nécessiteraient l'acquittement d'un prix fixé par l'éditeur.

À l'issue de plusieurs mois de discussions techniques, le coup d'envoi officiel de l'expérience a été donné au Salon du livre de mars 2008. Pour lancer le mouvement, les premiers titres ont été prélevés parmi ceux qui existaient déjà sous forme numérique. Par la suite, les éditeurs ont soumis au CNL des projets d'ampleur croissante, la subvention couvrant en général 50 % du coût de la numérisation. Ce sont aujourd'hui plus de 17 000 ouvrages sous droits qui sont ainsi accessibles *via* Gallica, et un nombre à peine inférieur sera mis en ligne dans le courant du premier semestre 2010. Une « charte documentaire » a été proposée par la BnF afin que les dossiers proposés présentent une certaine cohérence avec l'offre patrimoniale. Certains projets, comme une sélection de la bibliothèque Harlequin, ont ainsi donné lieu à des débats animés – mais puisque les originaux sont précieusement conservés à la BnF grâce au dépôt légal et que l'on se situait de toute manière dans une phase expérimentale, la sélection pouvait se permettre d'être large.

Une première enquête réalisée auprès des utilisateurs en vue du Salon du livre 2009 a apporté un certain nombre d'enseignements. Comme on pouvait le prévoir, les réponses varient fortement selon le profil de l'internaute. Les habitués de Gallica, en particulier, n'ont pas les mêmes attentes que les visiteurs occasionnels. Pour les premiers, la continuité avec l'offre patrimoniale est un facteur essentiel. Pour les autres, notamment les plus jeunes, il existe une forte demande de bandes dessinées. Alors que les titres proposés étaient pour la plupart des nouveautés, la possibilité d'accéder à des œuvres épuisées est plébiscitée par tous. Le chiffre d'affaires engendré par Gallica chez les éditeurs, difficile à mesurer, restait certainement marginal – tel n'était d'ailleurs pas le but recherché[1].

L'une des questions les plus épineuses à régler

---

1. Il va sans dire que, dans le cadre de cette expérience, la BnF ne perçoit pas de «royalties» sur les ventes éventuelles de livres numériques dont elle aurait été le point de départ.

pour l'évolution de Gallica est le sort des œuvres dites orphelines – c'est-à-dire celles dont on peut penser à coup sûr, compte tenu de leur date, qu'elles sont encore protégées, mais dont on ne connaît pas les ayants droits – auteurs, éditeurs ou leurs héritiers. Cette catégorie représente une part très importante de la production du XXe siècle. Alors que, en l'absence de toute perspective d'exploitation commerciale classique, le numérique pourrait donner une seconde vie à ces œuvres, la «protection» dont elles sont censées bénéficier n'est qu'un enterrement de première classe.

En France, le Conseil supérieur de la propriété littéraire et artistique a émis le 10 avril 2008 des recommandations sur le sujet. L'avis rappelle la diversité des situations selon le secteur culturel, l'écrit et la photographie étant beaucoup plus concernés par le problème que le cinéma ou la musique. Dans le domaine de l'écrit, le recours au juge au cas par cas se révèle impraticable en raison de la quantité considérable des œuvres orphelines. Aussi l'avis préconise-t-il un dispositif de gestion collective. Ces recommandations pourraient fournir la base d'un dispositif législatif auquel travaille le ministère de la Culture. En Allemagne, en l'absence d'une règle de droit positif, la Bibliothèque nationale, créée seulement en 1919 et dont les collections sont de ce fait presque entièrement couvertes par le droit d'auteur, s'est mise d'accord avec les représentants des éditeurs et une société de gestion des droits sur le dispositif suivant : la Deutsche Nationalbibliothek s'acquitte d'une redevance forfaitaire qu'elle verse à la société de gestion des droits, afin de numériser et de mettre en ligne les œuvres orphelines. Le montant varie en fonction de l'ancienneté de l'œuvre et peut être considéré comme symbolique (0,50 euros) pour celles qui sont le plus près de tomber dans le domaine public. Bien entendu, la question cruciale est de définir la nature et l'étendue des «recherches sérieuses et avérées» à l'issue desquelles il est raisonnable de conclure à l'impossibilité de retrouver les ayants droit. Il est certain qu'en Allemagne comme en France une loi générale sera nécessaire pour encadrer les pratiques nées de l'expérience. Comme ce sera le cas aux États-Unis si le compromis conclu entre Google et les ayants droit est avalisé, il sera nécessaire de disposer d'un registre national afin de déterminer le statut des œuvres.

Une telle approche s'impose également au niveau européen. Ce fut d'ailleurs l'une de mes toutes premières initiatives à la tête de la BnF que de convier en juillet 2007 un certain nombre de bibliothèques nationales et les représentants des éditeurs à réfléchir ensemble à une approche commune sur l'accès aux œuvres protégées. C'est ainsi qu'est né le programme européen baptisé ARROW (Accessible Registries of Rights Information and Orphan Works), qui devrait passer en 2010 à une première phase d'application, d'abord en Allemagne, puis en Espagne, en France et au Royaume-Uni.

L'enjeu est de bâtir d'urgence à l'échelle européenne un dispositif qui serait le pendant de celui qui va se mettre en place aux États-Unis et tiendrait compte de la diversité des situations nationales. Ainsi la Norvège a-t-elle décidé de racheter en bloc aux ayants droit la possibilité de numériser et de mettre en ligne, à travers sa bibliothèque nationale, sa production protégée. Le pays est faiblement peuplé, mais il est riche de sa rente pétrolière et gazière, sa langue n'est guère parlée en dehors de son territoire : autant de facteurs qui rendent un tel accord acceptable par toutes les parties et raisonnable sur le plan économique. Il s'agit là de toute évidence d'une formule extrême qui n'est pas généralisable. Un système européen devra donc tenir compte de cette diversité.

Une fois le cadre juridique mis en place, la numérisation des œuvres orphelines pourra alors s'effectuer méthodiquement à partir des bibliothèques nationales qui, grâce au dépôt légal, disposent de collections complètes. Les œuvres orphelines constituent en effet une sorte de «quasi-domaine public» : dès lors qu'un héritier éventuel aurait toujours la faculté de se faire connaître et de faire valoir ses droits, il est juste de libérer les œuvres d'un carcan qui ne les protège plus... que contre les lecteurs. La question de savoir si le financement doit être assuré par des fonds publics ou privés ne vient que dans un second temps. Plusieurs modèles économiques sont ici envisageables, selon que la numérisation sera subventionnée ou non, selon que l'accès sera gratuit ou payant. En ce qui concerne la France, il me semble que le Centre national du livre aurait vocation à financer la numérisation des œuvres orphelines. Pour rester dans l'esprit de Gallica, ces œuvres pourraient être ensuite mises en ligne aux mêmes conditions de gratuité que le domaine public.

L'approche envisageable pour les œuvres orphelines ne peut évidemment se transposer telle quelle pour les œuvres épuisées dont les titulaires des droits sont connus. Le numérique offre à ces dernières la chance d'une nouvelle exploitation commerciale – sans exiger l'investissement coûteux des réimpressions à l'ancienne. Selon le modèle économique bien connu de la « longue traîne », il est possible que cette nouvelle forme de diffusion engendre au total des revenus non négligeables. Dans certains cas – les revues savantes par exemple –, les ayants droit peuvent librement renoncer à l'accès payant. Les Presses Universitaires de France ont ainsi conclu un accord avec la BnF grâce auquel un certain nombre de titres sont en accès libre sur Gallica pour les numéros parus avant l'an 2000. Tel est le cas, entre autres, de la *Revue française de psychanalyse* et de la *Revue d'histoire moderne et contemporaine*, considérant que les chercheurs n'étaient pas prêts à payer pour des articles vieux de dix ans ou plus. Il est probable toutefois que cette renonciation ne sera pas générale. Le besoin en tout cas est réel. Grâce aux crédits du Centre national du livre, il serait souhaitable de lancer un programme ambitieux de réédition électronique de quelques dizaines de milliers d'ouvrages épuisés, en particulier dans le domaine des sciences humaines. Une telle initiative, associant le Centre national du livre, la BnF et les éditeurs, serait à n'en pas douter saluée par tous les étudiants et les chercheurs.

Pour ce qui concerne les œuvres encore disponibles, y compris les nouveautés, l'aide de l'État peut servir à numériser celles qui n'existeraient que sous forme papier ou à convertir des fichiers numériques aux standards exigés pour la diffusion en ligne. Une telle aide peut se révéler particulièrement précieuse pour les petites maisons d'édition et dépasser dans ce cas le taux de 50 %.

Si la numérisation des fonds des éditeurs bénéficiait en France de concours publics importants, grâce à un effort accru du Centre national du livre par exemple, il faudrait se poser la question des contreparties, fort limitées dans le cadre de l'expérience actuelle. Le seul lien avec Gallica sera-t-il suffisant pour un programme nettement plus ambitieux? Ne serait-il pas logique de prévoir le reversement au Centre national du livre d'une quote-part, même minime, du prix payé par l'usager, les sommes récoltées servant à leur tour à financer la numérisation d'ouvrages supplémentaires?

La question ne peut être isolée de celle du droit applicable dans le nouvel environnement et en particulier du prix du livre numérique. Les analyses remarquables du rapport Patino sur le livre numérique[1] avaient montré la difficulté conceptuelle et juridique du problème. Alors que le livre papier est un objet aux contours bien définis, il n'en va pas de même de son frère ou de son cousin numérique. C'est l'évidence pour les formes éditoriales innovantes, mais il est certain que le livre numérique ne se contentera pas longtemps d'être le fac-similé pur et simple de son homologue traditionnel. La loi Lang de 1981 qui a institué en France le prix unique du livre reste, dans l'esprit de nombreux éditeurs, la référence idéale, mais des adaptations profondes seront nécessaires dans un univers qui obéit à

---

1. Bruno Patino, alors président de *Télérama* et directeur du *Monde Interactif,* a remis le 30 juin 2008 à la ministre de la Culture et de la Communication un rapport sur toutes les formes possibles de diffusion légale des œuvres écrites sur Internet.

d'autres lois – ne serait-ce qu'en raison de la fragmentation des contenus, de la dissémination et de la déterritorialisation de ces derniers qu'entraîne Internet. Il suffit au demeurant de se rendre sur le site de Numilog pour se faire une idée de la variété des transactions possibles pour les mêmes objets. L'évolution des usages, qui sera un facteur déterminant, ne manquera pas, elle non plus, de réserver des surprises et il faudra bien répondre à la demande du public. Je suis par exemple grand lecteur de romans policiers, mais ce ne sont pas, sauf exception, des livres que je conserve. Si attaché que je sois au papier, une formule d'emprunt ou d'abonnement électronique serait idéale, même avec les liseuses actuelles, *a fortiori* avec celles qui se profilent.

La fameuse chaîne du livre, avec ses métiers bien identifiés, avec sa linéarité obligée depuis le couple auteur-éditeur jusqu'au libraire, avec sa répartition standardisée du prix public entre les différents acteurs, a commencé à se fragmenter ou à se recomposer. Aux États-Unis, Amazon pourrait bientôt vendre durablement davantage de livres numériques que sur papier, grâce à un modèle économique où la marge est dégagée sur les liseuses et non sur le livre lui-même, vendu au contraire à perte au prix de 9,9 dollars, au grand dam des éditeurs. La firme propose en outre des contrats attractifs aux auteurs. En France, le phénomène n'en est qu'à ses débuts mais la direction est prise : la Fnac s'est associée à Sony et à Hachette, Gallimard à ePagine. Des auteurs à succès tels que Marc Lévy peuvent tenter de commercialiser eux-mêmes leur roman en version numérique, même si c'est apparemment sans grand impact. François Bon, avec Publie-net, a créé de son côté une coopérative d'auteurs qui court-circuite les éditeurs établis : la quote-part des droits qui leur revient est bien sûr très supérieure à celle que consentiraient des maisons d'édition traditionnelles, même si l'on doit tenir compte, pour ces dernières, du prestige de leur marque. La question de la maîtrise du ou plutôt des prix, comme de sa répartition, sera donc un enjeu majeur. Le public, intuitivement, estime que le numérique doit entraîner une baisse significative des coûts – de l'ordre de 50 % selon les enquêtes. À cet égard, il existe un écart dangereux entre l'attente des lecteurs et la position des éditeurs, qui envisagent plutôt un rabais de 20 à 25 %. La question de la TVA, plus élevée sur le livre numérique, complique encore le problème et ne pourra se résoudre qu'à l'échelle européenne.

Face à la pénétration des géants que sont Amazon et Google, sans parler d'autres acteurs non moins puissants tels que les opérateurs téléphoniques, il est indispensable que les éditeurs français et européens se montrent plus unis. Avec Libreka, les éditeurs allemands ont mis en place une plate-forme commune à laquelle sont associés les libraires: l'internaute en effet, lorsqu'il veut «remplir son panier», ira spontanément vers le catalogue le plus fourni. Est-il irréaliste d'espérer que la France puisse suivre l'exemple allemand? Jusqu'à présent, elle n'en prend pas le chemin, puisque les éditeurs mettent en place quatre plates-formes différentes, même si ce chiffre résulte d'un premier effort de regroupement. Dans la mesure où la proposition d'Hachette d'ouvrir le capital de Numilog à des partenaires minoritaires ne fera pas l'unanimité, il est probable que l'on s'orientera vers l'adjonction d'un étage supplémentaire qui permettra à l'internaute d'accéder à cette diversité à partir d'un même point d'entrée. Pourquoi ne pas utiliser Gallica à cette fin, comme le suggère Frédéric Mitterrand à la suite du rapport Tessier, avec sa proposition de plate-forme de consultation commune entre la BnF et les éditeurs?

Il est ironique de voir les éditeurs alliés à Amazon contre Google dans l'affaire du compromis négocié aux États-Unis: coalition de circonstance qui tient plus du pacte germano-soviétique que de l'Alliance atlantique... Google se prépare à investir aussi le domaine de l'édition, avec la puissance que l'on sait, mais a montré qu'il était capable de compromis. Dans un marché où le poids relatif des éditeurs «classiques» sera amoindri par rapport aux géants de l'Internet, la

question des alliances sera décisive... Un partenariat État-BnF-éditeurs-Google, amplifiant l'expérience de Gallica, ne serait-il pas le meilleur
rempart contre d'autres prédateurs?

Conclusion

Au terme de ce parcours, de nombreuses incertitudes demeurent. Nul ne peut prédire ce que seront les modèles économiques du livre numérique, mais à coup sûr ils seront beaucoup plus divers que l'actuel. Personne ne sait si le livre traditionnel n'aura pas son avenir limité à des «niches» telles que le livre d'art ou le livre de poche, le gros de la production suivant le destin des publications scientifiques. Le dépôt légal, tôt ou tard, devra se faire aussi sous forme numérique. La protection des œuvres et la rémunération des auteurs devront s'adapter, comme elles ont commencé à le faire pour la musique, et la première étape, la plus urgente, concerne la masse des œuvres orphelines, véritable «trou noir» du XXᵉ siècle. De nouveaux outils vont très vite donner à la lecture numérique un confort et une aisance très supérieurs à l'existant; l'encre électronique en donne déjà une idée, mais c'est la demande des lecteurs, si elle plébiscite l'inno-

vation, qui entraînera le marché à sa suite : la difficulté sera alors de gérer en même temps deux
modèles très différents en termes d'organisation
et de règles. Les bibliothèques devront s'adapter
à ces attentes et, face à l'accumulation de données accessibles à tous, inventer pour les publics
les plus divers les moyens de donner du sens à
ces richesses – la mission la plus noble qui soit. Il
en va de même pour le monde de l'éducation,
depuis l'école primaire jusqu'à l'enseignement
supérieur, confronté au défi de maintenir les exigences d'une pensée personnelle rigoureuse par
rapport au grappillage d'informations non
contrôlées. Nous sommes dans un temps d'exploration, de tâtonnements, d'expérimentation.
Mais une certitude au moins s'impose : ceux qui
resteront à la traîne ou se cantonneront à la
défensive seront marginalisés, sinon éliminés.
Plusieurs scénarios sont envisageables. Le moins
probable est assurément celui d'une résistance
victorieuse du livre-papier et de la chaîne du livre
sous sa forme traditionnelle : les signes avant-cou-
reurs sont trop nombreux en sens inverse. À l'op-
posé, le triomphe absolu du livre numérique et
des nouveaux acteurs n'est pas du tout inconce-
vable. Un basculement massif des usages impose-
rait un modèle économique dans lequel le
livre-papier ne serait plus qu'un produit secon-
daire (imprimé à la demande notamment) ou
un objet de luxe. Il serait imprudent de l'exclure

146

si les acteurs traditionnels se cramponnent à des modèles battus en brèche et restent dispersés face aux géants de l'Internet, qui auraient d'ailleurs la capacité de les absorber en n'en conservant que les compétences dont ils sont dépourvus aujourd'hui – mais on peut légitimement s'inquiéter du devenir de la création dans cette hypothèse. L'objectif rationnel doit donc être de promouvoir un troisième scénario qui ménage une coexistence équilibrée entre les différentes voies d'accès au livre, tout en permettant aux éditeurs et aux libraires de conserver leur indépendance sans avoir besoin d'un soutien public massif.

Google est le vecteur d'une évolution décisive de nos modes d'accès à la connaissance et par là de production de nouveaux savoirs: après une phase où la firme, sans doute trop confiante en elle-même, comprend que l'heure est à la négociation et aux concessions sur le respect du droit d'auteur comme de la vie privée, il est possible de déterminer les champs où une réelle convergence d'intérêts est possible. C'est évident dans le domaine de la diffusion du patrimoine. Ce pourrait bien l'être aussi pour les auteurs et les éditeurs si le rapport de forces permet de sortir de l'ère du fait accompli. Entre l'État et la BnF d'un côté, les éditeurs de l'autre, une coordination s'impose aussi bien sur le plan tactique que dans la visée stratégique. L'effort financier de l'État voulu par le président de la République n'a pas d'équivalent dans le monde. Il permet d'envisager sereinement un partenariat avec Google, sans exclusive, c'est-à-dire sans monopole. La puissance de la firme pourrait alors apporter à notre patrimoine culturel un concours décisif pour occuper une place de premier plan dans le nouveau monde numérique. Google, propagateur de l'«exception culturelle française»? L'Histoire a parfois de ces ruses...

Remerciements

Je tiens à remercier tout particulièrement mes collaborateurs à la Bibliothèque nationale de France du précieux concours qu'ils m'ont apporté pour mener à bien ce travail : Jacqueline Sanson, Arnaud Beaufort, Denis Bruckmann, Nicole Da Costa, Gérald Grunberg, Claudine Hermabessière, Mélanie Leroy-Terquem, Marc Rassat et Christine Semence.

Mon fils Louis m'a donné le point de vue d'une génération où l'amour du livre s'allie à la plus grande familiarité avec l'univers numérique.

Je remercie Benoît Yvert d'avoir prolongé les échanges que nous avions lorsqu'il était directeur du Livre et de la Lecture et de m'avoir suggéré de publier cet essai dans la collection *Tribune libre,* excellemment dirigée par Muriel Beyer.

Les rencontres organisées à la BnF avec Bernadette Dufrêne (université Paris-Ouest, Nanterre-La Défense) en décembre 2009 et janvier 2010 ont grandement alimenté ma réflexion, grâce à une gamme d'interventions très vaste, depuis Robert Darnton et Roger Chartier jusqu'à Yann Moulier-Boutang dont la revue *Multitudes* a consacré un numéro très intéressant à l'analyse de Google.

Enfin, je voudrais évoquer le profit que j'ai retiré en suivant, entre autres, le blog *Affordance* d'Olivier Ertscheid qui fournit sur tous ces sujets un point de vue stimulant, marqué par le souci de décrypter les évolutions et les stratégies du web – excellent exemple du nécessaire contre-point critique qui doit aller de pair avec le développement du numérique.

Table

Cet ouvrage a été imprimé par
CPI – Firmin Didot à Mesnil-sur-l'Estrée
pour le compte des Éditions Plon
76, rue Bonaparte
Paris 6ᵉ
en février 2010

La photocomposition de cet ouvrage
a été réalisée par
GRAPHIC HAINAUT
59163 Condé-sur-l'Escaut

Dépôt légal : février 2010
N° d'édition : 21203 – N° d'impression : 98809
Imprimé en France